Kaoru Takeda
Maniac Lesson

たけだかおる洋菓子研究室のマニアックレッスン
乳化と混ぜ方 編

たけだかおる

河出書房新社

はじめに *prologue*

はじめましての方も、何度目かの方も。
この本を手にとってくださり、ありがとうございます。

2018年春の『たけだかおる洋菓子研究室のマニアックレッスン』刊行後、
私のお菓子作り研究も、より一層深いところに進んでいます。

日々お菓子を作るなかで大きな疑問として常にあったのが、
「混ぜ方が仕上がりにどのように影響するのか」
「自分好みにするためにはどういったことに気をつければいいのか」といったことでした。

そこでキーワードとして頭に浮かんだのが、「乳化」。
そして混ぜ方に影響される「グルテン」。

レシピ本でよく見かける言葉ですが、実は詳しくわかっていないことに気づいたのです。
「乳化するまで混ぜる」「グルテンで食感が変わる」とあるけれど、
では現実には仕上がりにどのような違いが出るのだろうか？ と。

実際のところ、あらゆる条件を整え、
精密な機械を使って調べないとわからないレベルのことなのかもしれません。
本書では、「乳化が必ず正しい」「グルテンが絶対に大事！」と伝えたいのではなく、
目指す仕上がりに応じて、
乳化の手応えや混ぜ方を調整できるようになることを目標とします。

ことわりについては12〜14ページに詳しく記載していますので、
レシピを見る前にご一読いただけましたら幸いです。

もちろん、乳化やグルテンのこと以外に、
材料を代える、分量や温度、作り方を変える、工程の順番を変えるなど、
お菓子作りのあらゆる疑問について、さまざまな検証を行っています。
また、基本を踏まえて作るおいしいアレンジレシピもたくさんご紹介。

本書では、定番人気の9種のお菓子について、詳細なポイントを盛り込んだ
ていねいなレシピを紹介し、
さらに、乳化や混ぜ方を含め、いろいろな角度から検証を行いました。
例を挙げると…
- ラング・ド・シャ … 乳化の有無、溶かしバターに変える、薄力粉の種類違い
- クッキー … 全卵を卵白や卵黄に代える、卵や砂糖の量を変える
- アーモンドのタルト … クレーム・ダマンドの乳化の有無、バターを泡立てて作る
- ロールケーキ … 混ぜる回数を減らす、別立てやビスキュイ生地に仕立てる
- バターケーキ（共立てのパウンドケーキ）… 共立て生地と別立て生地を比べる
- マドレーヌ … 生地を休ませて焼く、焼くときの温度違い、電気オーブンで焼く
- ガトー・ショコラ … メレンゲを強く泡立てる、チョコレートのカカオ分を変える
- ファー・ブルトン … 混ぜる回数を半分にする、一晩休ませてから焼く
- ケーク・サレ … よく混ぜて焼く、生地の温度を常温にして焼くなど

検証内容は多岐にわたります。

みなさまが日頃から疑問に思っているけれど、
なかなかご自分ではできないような検証を選びました。

一つのことが絶対的に正しいというわけではなく、
作り手それぞれが満足できるような答えにたどり着けるよう、
お菓子作りの幅が広がり、質が上がるような、
そんなお手伝いをさせていただきたいと思っております。

たけだかおる

contents

2	はじめに	9	バターについて
6	材料について	10	道具について
7	小麦粉について	12	乳化について
8	砂糖について	14	グルテンについて

Lesson 01
ラング・ド・シャ

16　**基本の作り方**
　　（レモンと紅茶のラング・ド・シャ）

20　**検証①**　あまり混ぜない
　　　　　　（強い乳化を目指さない）で作る場合と、
　　　　　　手応えが出るまでしっかり混ぜて
　　　　　　（強く乳化させて）作る場合の違いは？

22　**検証②**　溶かしたバターで作ると？

24　**検証③**　同じ配合のまま
　　　　　　薄力粉の種類を変えてみると？

26　**検証④**　ラング・ド・シャの食感を生かす
　　　　　　お菓子を作る場合は？
　　　　　　●ラング・ド・シャ
　　　　　　　プラリネ入りチョコサンド

28　下準備について

Lesson 02
クッキー

30　**基本の作り方**

34　**検証①**　同じ配合のまま
　　　　　　全卵を、卵白や卵黄に代えてみると？

36　**検証②**　同じ配合のまま
　　　　　　卵の量を変えてみると？

38　**検証③**　砂糖の量を変えてみると？

40　**検証④**　ベーキングパウダーや
　　　　　　重曹を入れると？

42　**検証⑤**　バターを泡立てて作ってみると？

44　**検証⑥**　卵黄で作るおすすめのクッキーは？
　　　　　　●ガレット・ブルトンヌ

46　**検証⑦**　卵白だけで作っておいしいクッキーは？
　　　　　　●キャラメルサンドサブレ

48　**検証⑧**　砂糖をほぼ入れずに作って
　　　　　　おいしいクッキーは？
　　　　　　●チーズ・サブレ

50　**検証⑨**　卵を使わずに、
　　　　　　牛乳を入れて作るクッキーは？
　　　　　　●全粒粉のガナッシュサンドクッキー

52　**検証⑩**　卵を牛乳に代えて作ると？

Lesson 03
アーモンドのタルト

54　**基本の作り方**

60　**検証①**　クレーム・ダマンドをあまり混ぜない
　　　　　　（強い乳化を目指さない）で作ると？

62　**検証②**　クレーム・ダマンドを作るときに、
　　　　　　バターを泡立ててから作ると？

64　**検証③**　クレーム・ダマンドを、
　　　　　　同じ配合のまま材料を加える順番を
　　　　　　変えて作ると？

66　**検証④**　水分の多いアパレイユを入れる場合は？
　　　　　　●キャラメルりんごタルト

Lesson 04
ロールケーキ

70　**基本の作り方**（いちごのロールケーキ）

76　**検証①**　共立て生地で混ぜる回数を減らすと？

78　**検証②**　別立て生地、別立て絞り生地を作ると？

80　**検証③**　別立て生地の食感を生かす
　　　　　　おいしいロールケーキは？
　　　　　　●マンゴーのロールケーキ

84　**検証④**　別立て絞り生地の食感を生かす
　　　　　　おいしいロールケーキは？
　　　　　　●コーヒーロールケーキ

88　**column 1**　ハンドミキサーの個性

Lesson 05
バターケーキ
（共立てのパウンドケーキ）

90 基本の作り方

94 検証① あまり混ぜずに手応えを感じない
（強い乳化を目指さない）で作ると？

96 検証② 共立て生地で作る
おいしいパウンドケーキは？
●マロンのケーク

98 検証③ 共立て生地と別立て生地を
比べてみると？

100 検証④ 別立て生地で作る
おいしいパウンドケーキは？
●レモンのケーク

102 バターケーキ（別立てのパウンドケーキ）

Lesson 06
マドレーヌ

106 基本の作り方

110 検証① 生地を休ませずにすぐ焼いた場合と、
生地を2日休ませて焼いた場合の
仕上がりの違いは？

112 検証② 焼くときの生地の
温度の違いによる仕上がりは？

114 検証③ 粉を最後に入れると？

116 検証④ 溶かしたバターで作る場合と、
ゆるめたバターで作る場合の違いは？

118 検証⑤ 電気オーブンで焼くと？

120 column 2 型で変わる焼き上がり

Lesson 07
ガトー・ショコラ

122 基本の作り方

126 検証① チョコレートとバターを
一緒に溶かして作ると？

128 検証② メレンゲを強く泡立てると？

130 検証③ チョコレートの
カカオ分の含有量を変えると？

132 column 3 チョコレートの話

Lesson 08
ファー・ブルトン

134 基本の作り方

138 検証① 混ぜる回数を半分にして、
すぐ焼くと？

140 検証② 生地を一晩休ませてから焼くと？

142 検証③ 混ぜる回数を半分にして、
休ませて焼くと？

Lesson 09
ケーク・サレ

144 基本の作り方

148 検証① 泡立て器でよく混ぜて焼くと？

150 検証② 温めた牛乳を加えることで、
生地の温度を常温にすると？

152 検証③ 生地を2日休ませてから焼くと？

154 検証結果 一覧

※**この本の決まり**

・本書ではガスオーブンでの加熱温度、加熱時間を表記しています。
・オーブンの加熱温度、加熱時間、仕上がりは機種によって異なります。
　表記の時間を目安に、使用するオーブンに合わせて調整してください。
・オーブンを使うレシピでは、焼く前に、加熱温度になるよう予熱しておいてください。
・電子レンジは500Wのものを使用しています。

材料について

お菓子作りの第一歩は材料選びから始まります。
また、使いきることのない材料は、保存方法もとても大切です。
選び方や特徴を知ることで、理想の仕上がりに近づけてください。

［小麦粉］
お菓子の食感や舌ざわりに大きく影響するため、薄力粉、準強力粉を使い分けています（P7参照）。湿気させないように密閉して保存しましょう。特に雨の多い季節は注意が必要です。

［卵］
卵そのものの味が、お菓子の味わいに直接的に出るため、どのような卵を選ぶのかが重要です。年間を通して同じ銘柄の卵を使うことで、産卵の時期や鶏の個体差によって、卵白の強度、また卵黄の大きさがどのように違うのかがわかってくるようになります。

［バター］
ほとんどのレシピで食塩不使用のものを使用。特徴などの詳細はP9を参照してください。
バターはにおいを吸収しやすく、また変質しやすい食品。光を遮断できるようにきちんと包んで密閉して保存し、早めに使いきりましょう。冷凍する場合は、できれば完全に脱気・密閉してください。

［砂糖］
砂糖は味だけではなく、香りや食感を引き出してくれる大切なもの。種類ごとの個性が強いので、お菓子の特性に合わせて使い分けましょう（P8参照）。
においを吸いやすいので、香りの強いチョコレートなどの隣には置かないようにして保存しましょう。

［牛乳］
乳脂肪分3.6％以上のものを使っています。それ以下のものだと、コクと味わいがなく、物足りない仕上がりに。加工乳を避け、「牛乳」で「成分無調整」と表示されたものを選んでください。

［生クリーム］
本書では主に乳脂肪分36％前後、動物性の生クリームを使っています。％を上げると他の食材の風味の感じ方が変わってしまうので、記載通りのものを使ってください。生クリームを買い出しに行く際は保冷バッグを持っていき、温度を冷たく保ってください。また、温度変化や振動に弱いため、冷蔵庫のドアポケットを避け、なるべく動かさないところに置きましょう。

TOMIZ（富澤商店）のおすすめ商品

皮無アーモンドパウダー：カリフォルニア産のアーモンドを日本で粉末加工。アーモンド100％のピュアパウダーです。

トッピングシュガー：グラニュー糖より粒子が大きく、焼菓子のトッピングに最適です。独特の食感が楽しめます。

ゲランドの塩：フランスのブルターニュ半島南部のゲランドの塩田で、海水から作られた滋味豊かな味わいの塩です。

微粒子グラニュー糖：生地に均一に混ざりやすく、お菓子作りに適したきわめて微粒のグラニュー糖です。

特宝笠（増田製粉）：タンパク質量がやや少なく、しっとりとした焼き上がりとソフトな口当たりが楽しめます。

バイオレット（日清製粉）：代表的な薄力粉。軽い仕上がりが特徴で、さまざまなお菓子に幅広く使えます。

ドルチェ（江別製粉）：北海道産小麦100％使用。パサつきを抑え、しっとりした口当たりが続きます。

フランス（鳥越製粉）：日本で最も早く開発された本格的フランスパン専用粉。小麦本来の風味と香ばしさが楽しめます。

小麦粉について

たくさん種類があり、選ぶのが難しい小麦粉。
理想の食感を叶えるためには、特徴を知っておくことが大切です。
商品による違いについても解説します。

◆ 小麦粉の性質とは?

小麦粉にはグルテニンとグリアジンという2種のタンパク質が含まれています。それぞれ、グルテニンには引っ張ると元に戻ろうとする性質「弾性」、グリアジンにはよく伸びる性質「粘性」があります。この2つが水と合わさることで「グルテン」に変わり、粘弾性のある生地になるのです。

原料となる小麦には硬質小麦と軟質小麦があり、そのグルテンの質や含有量によって、生地の状態が大きく左右されるため、使い分けることでお菓子作りの幅が広がります。硬質小麦は主にパン用に、軟質小麦は主に製菓用に使われます。

◆ 種類とその用途

日本では、タンパク質の量によって大きく4種に分けられています。グルテンの量が少なく、性質が弱い順に、薄力粉、中力粉、準強力粉、強力粉に分類されます。スポンジやクッキーなどソフトな生地にしたいときは薄力粉、タルトなどしっかりとした生地にしたいときは準強力粉…といった具合に、選んで使います。

主な小麦粉の種類	グルテンの量	グルテンの性質
薄力粉	少ない	弱い
中力粉	やや少ない	やや弱い
準強力粉	やや多い	やや強い
強力粉	多い	強い

◆ メーカーや商品による違いも

同じ種類の小麦粉でも、メーカーや商品によってタンパク質や灰分の含有量が異なります。灰分とは外皮や胚芽部分に多く含まれるミネラル分で、多いほど小麦の風味が強く出るといわれています。タンパク質量とグルテン量は常に比例するわけではありません。

本書で使用している特宝笠、バイオレット、ドルチェの3種類の薄力粉と、準強力粉のフランスの違いを見てみましょう。

小麦粉の商品名	タンパク質量	灰分量
特宝笠	7.6±0.5%	0.35±0.02%
バイオレット	7.8±0.5%	0.33±0.03%
ドルチェ	9.3±0.5%	0.34±0.03%
フランス	11.9%	0.44%

軽めに仕上げるロールケーキや、口の中でホロッとほどける食感にしたいケーク・サレは特宝笠、サクッとした食感を楽しみたいラング・ド・シャや、バターに負けない粉の風味がほしいバターケーキはバイオレットを選びました。ラング・ド・シャでは、薄力粉の作り比べをしているので、参照してみてください。

フランスはサブレやマドレーヌなど、生地感を出したいときや粉の風味を主張したいときに使います。

※小麦粉のタンパク質、灰分量はTOMIZの商品を参考にしています。小麦粉の原料は農産物のため、品質状況により栄養成分の数値が変わる場合があります。

砂糖について

甘みをつけるだけでなく、お菓子をしっとりさせたり
おいしそうな焼き色をつけるために不可欠な砂糖も、種類がさまざま。
その特徴を知ると仕上がりのイメージができるようになります。

◆ 砂糖とは

　砂糖きびや甜菜（ビート）を原料とし、絞り汁を清浄・ろ過（「ファインリカー」ができる）→濃縮→結晶化→分離と乾燥を経てでき上がります（上白糖、グラニュー糖、三温糖など）。同じ砂糖きびを原料としても、精製途中の砂糖液をそのまま煮詰めて作るきび砂糖や、砂糖きびの絞り汁を煮詰めた黒糖など、作り方によってさまざまな種類に変わります。でき上がった砂糖にさらに加工を加えると、角砂糖や粉糖などとなります。

　砂糖には、甘みをつけることはもちろん、焼き色をつける作用（メイラード反応）や、水を引きつける力（保水力）があります。また、食品に含まれている水分を奪い取る力（脱水作用）があるため、食品を傷みにくくし、保存性を高めてくれます。生地の気泡の周囲にある水に溶け込んで粘度を高め、気泡を安定させる働きも持っています。

◆ 種類とその特徴

砂糖の種類	特徴
上白糖	不純物を取り除き、結晶化したものに転化糖を加えて作る日本特有の砂糖。甘みにコクがあり、しっとりと仕上がる。
グラニュー糖	細かい粒状に結晶させた精製糖の一種で、さらさらとしてクセがない。粒が大きい分、溶けにくいという性質も。
微粒子グラニュー糖	粒子の細かいグラニュー糖で、均一に混ざりやすく溶けやすいため、お菓子作りに向いている。
粉糖	グラニュー糖を粉状にしたもの。純粉糖、オリゴ糖入り、粉末水あめ入り、コーンスターチ入りなどの種類がある他、飾りつけに用いる、油脂をコーティングしたものもある。
カソナード	砂糖きびだけを使い、精製せずに作るフランス産の粗糖。豊かな風味で、コクのある味わいに。
きび砂糖	精製途中の砂糖液を、ミネラルなどを残した状態で煮詰めて作る。素朴な風味と甘さがあり、やや雑味が感じられる。
三温糖	上白糖やグラニュー糖を作るときに精製した糖蜜を、何度か加熱してカラメル化したもので、コクや香ばしさが感じられる。カラメルを添加したものもある。

バターについて

豊かな風味やコク、味わいを出してくれるバター。
素材の持ち味がお菓子の味わいに、ダイレクトに影響するのが特徴です。
組み合わせる食材によって選ぶことも大切です。

◆ どうやって作られる？

　生乳を遠心分離機にかけ、原料となるクリームを分離させます。殺菌・冷却後、低温保持する「エージング」を行って熟成。激しく攪拌する「チャーニング」を行い、乳脂肪の小さな粒（バター粒）を作ります。水洗や加塩をしたのち、バター粒を練り合わせ、粒子中の水分や塩分を均一に分散させたら、なめらかな良質のバターが完成します。厚生労働省の乳等省令には「生乳、牛乳又は特別牛乳から得られた脂肪粒を練圧したもの」、「乳脂肪分80.0％以上、水分17.0％以下」と定義されています。

◆ 本書で使用している銘柄

　材料表に「発酵バター」とあり、特にことわりがないものは明治の発酵バター（食塩不使用）を使用しています。インパクトがある発酵の香りが特徴的で、お菓子が風味よく、香り高く仕上がります。理想の仕上がりをイメージして、自分好みのバターを選ぶとよいでしょう。
　お菓子作りで、非常にこだわっているのがバターです。より奥深く知るために、バターの状態を変えるなどしていろいろな検証をしてみました。

◆ ぜひ使いたい発酵バター

　バターの原料となるクリームに乳酸菌を加えて発酵させるものと、チャーニング後に乳酸菌を加えるタイプがあります。これにより、独特の芳醇な香りを持ったバターになります。発酵バターはいずれも非発酵バターに比べて、賞味期限が短いのが特徴。焼いたお菓子も同様の扱いです。
　お菓子の本場であるヨーロッパでは発酵バターが主流で、種類も豊富。地方の特徴を生かしているので、産地によって風味がずいぶん異なります。海藻を練り込んだものや、牧草の風味が感じられるグラスフェッドなど、多種多様。育った環境や餌を知ることで、さらに知識が広がります。
　ヨーロッパのバターで、A.O.P.*のマークがついている商品は、その原産地で厳密な基準をクリアして生産されたものであることを証明されたもの。また、手作りのバターは昔ながらの製法を守って作られているものが多く、香りも味も異なりそれぞれに利点があります。
　日本の発酵バターも最近は種類が増えてきました。風味がメーカーにより異なり、穏やかな発酵の香りがするものから、インパクトがあるものまでさまざまです。

※A.O.P：Appellation d'Origine Protégée（原産地保護呼称）
※2019年春から、海外からの乳製品の持ち込みに対して検査が厳格化。持ち込む量や方法によって検疫の対象になる場合があるため注意が必要

道具について

どんなものを使っているの？と、よくお問い合わせをいただく道具。選ぶポイントやおすすめのものをご紹介します。
自分に合うものを選ぶことも大切なことです。

量る

◆ スケール
0.1g単位で量れるものがおすすめです。小数点以下を量りたいときは微量計を使うとより正確です。

ふるう

a 粉ふるい
粉類のかたまりを取り除く他、空気を含ませるために使用します。

b 茶漉し
少量の粉ふるいや粉糖を振る際に用います。

混ぜる

c ボウル
熱伝導のよいステンレス製を使っています。材料の容量に合わせて選べるよう大中小そろえましょう。
※本書の手順写真では、わかりやすいようガラス製を使用。

d 泡立て器
ワイヤーがしっかりし、レシピの分量に合っているものを使いましょう（本書では8番）。大きなボウル＆小さな泡立て器の場合、材料が絡みにくいので時間がかかります。小さなボウル＆大きな泡立て器だと、いつもより泡立てが早くなる場合もあります。

e ゴムベラ
生地をさっくり混ぜるのに使う他、しなってボウルのカーブに沿うので生地を移すときにも便利です。つなぎ目がないものが衛生的。

f シリコンスプーン
生地をならす際、細かな作業ができます。高温でも使えるシリコン製が便利。つなぎ目がないものがおすすめです。

g ハンドミキサー
メーカーや商品によって違うため、まずはクセを知ることが大切です。違いについてはP88で紹介しています。

h スタンドミキサー
キッチンエイド社のものを愛用。ボウルが固定され、自動で混ぜる、練る、泡立てるといった作業ができます。

伸ばす、焼く

◉ **カード**
生地を平らにしたり、ボウルの中をさらったりするときに使用。ボウルのカーブに沿うよう、適度にしなるものが使いやすいです。

◉ **パレットナイフ**
平らなところにクリームをならすのはL字型が便利。適度にしなるものが使いやすくおすすめです。

◉ **ルーラー**
生地を均等な厚さに伸ばす際に使います。ある程度重さがあるものが一組あると使い勝手がよいです。

◉ **麺棒**
生地を伸ばす際に使いますが、冷蔵したかたい生地をたたくこともあるため、丈夫で重さのある木製のものがおすすめ。

◉ **シルパン、オーブンシート**
マトファー社の「シルパン」は網目状の加工がされていて繰り返し使えるオーブンマット。余分な油脂が落ち、水分が抜けるため、平らな底面に仕上がります。繰り返し洗って使えるオーブンシートは作業性が高く便利です。他に、使い捨てのオーブンシートも使用しています。

オーブン

リンナイのコンベクションオーブンを使っています。コンベクションオーブンはファンを内蔵してやわらかい熱風対流を起こし、食材を焼き上げる構造になっているため、庫内の温度が一定に保たれるのが特徴です。どんなオーブンでも焼きムラはどうしてもできるので、焼成の途中で天板の奥と手前を入れ替えるようにしましょう。ガスオーブンと電気オーブンで同じ生地を焼いた場合の比較も行っています（P118〜119）。

その他

◆ **網（ケーキクーラー）**
足が高いものが、生地が冷めやすくおすすめです。焼き上げる大きさに合わせたものがあると便利。

◆ **わら半紙**
文房具店で買ったものを使っています。焼いたときの水分がほどよく残るので、ロールケーキ生地に向いています。

◆ **絞り袋と口金**
衛生的なので使い捨てタイプを使っています。ビニール製のため手の熱が伝わりやすいのがやや難点。

◆ **温度計**
チョコレートなど、繊細な素材を扱う際に必要です。デジタルで数字が見やすいものを選びましょう。

乳化について

本書の大きなテーマである「乳化」。
当たり前のように使われている言葉ですが、実はかなり奥深いもの。
定説はありますが、ここではこの本での考察について解説します。

乳化とは？

お菓子作りに欠かせないポイントである「乳化」。本来なら混ざり合わない水分と油分のどちらかが微粒子化し、液状のもう一方の中に浮いている状態を指します。油滴が水に分散する水中油滴型（生クリームやマヨネーズなど）と、水滴が油に分散する油中水滴型（バターやマーガリンなど）の2パターンがあります。

お菓子作りでよくあるのは、バターと卵を混ぜ合わせる工程。レシピ本でも、「バターに卵を少量ずつ加えてその都度混ぜ、乳化させる」とよく書かれています。

しっかりと乳化させて作ることで、舌ざわりがよくなめらかな仕上がりに。さらに風味や香りをより感じられるようになることも考えられます。本書では、乳化の有無による仕上がりの差を検証しています（P20～21、60～61、94～95、126～127）。

乳化は曖昧なものである

家庭でのお菓子作りの現場では、"完全な乳化"を見極めるのはほぼ不可能です。見た目や手応えで「乳化した」と感じたとしても、分子レベルで見た場合にどのような構造になっているかまではわからないからです。

そこで本書では、あえて断定せずに、「乳化の手応えを感じる」「強い乳化を目指さず混ぜる」といった表現を使っている場合もあります。

常に乳化が正しい？

バターケーキやクレーム・ダマンドなど、生地の一体感やなめらかさを求める場合、乳化させて作ることを基本としています。乳化させずに作った場合の検証もしています。

ですが、ラング・ド・シャのようなサクッとした食感を生み出したいお菓子では、強い乳化を目指さずに作ることによって、求める食感が叶う場合もあります。

「お菓子作りでは乳化が大切」とよくいわれますが、必ずしも全てのお菓子に当てはまるわけではないことを知り、目的に合わせて作り分けるようにしましょう。

乳化には段階がある？

水分と油分をしっかりと混ぜることにより乳化が起こるとされていますが、分子レベルで見ても、どこまで乳化が起こっているのか不明であることも多いと考えられます。

例えばバターと卵を混ぜて乳化を目指している場合、少量ずつ卵を加えてしっかりと混ぜていけばなめらかになるため、乳化しているように見えます。しかし、適度に粘度があり、完全に混ざり合っているように見えても、時間が経つと卵の水分が少し浮き出てくる場合もあります。

乳化にも段階があり、グラデーションになっていると考えています。
- 乳化していない
- 乳化しかかっているがまだ分離している
- 乳化しているように見えるが完全ではない
- 完全なる乳化

…といった具合に。

しっかりと混ぜて一見乳化しているように見えても、実は"完全な乳化"ではない、という場合も多々あると考えています。"完全ではない乳化""一時的な乳化"の例として、フレンチドレッシングがあります。

置いてある状態だと油と酢が分離していますが、激しく振ることによって混ざり合った状態になります。ただ、しばらく経つとまた分離した状態に戻るので"完全に乳化しているとはいえない"と捉えています。

では、"完全な乳化"は存在するのでしょうか？

マヨネーズを例に考えてみた場合、時間が経ってもクリーム状であるのは乳化剤となる卵黄の働きによるものです。副材料の影響により"完全な乳化"は可能になるのです。

グルテンについて

「乳化」と並び、とても重要なポイントである「グルテン」。
食感や口当たり、膨らみ方などに大きくかかわるため、
小麦粉の持つ性質や仕組みを知っておくことが大切です。

小麦粉の性質とは？

　お菓子やパン生地の食感を生み出す物質として知られている「グルテン」。生地のふわふわ感や弾力、かみ応えを左右する大切なものです。

　小麦粉にはタンパク質が6〜15％含まれています。そのうちのほとんどはグルテニンとグリアジンで、小麦粉に水を加えてこねると、この2つが絡み合ってグルテンが形成されます。

　グルテニンは弾力がありますが、伸びにくい性質。対してグリアジンは、弾力は弱いものの、粘着力が強くて伸びやすい性質です。性質が異なる2つのタンパク質が結びつくことで、弾性と粘性を適度に兼ね備えたグルテンになり、お菓子やパン作りに生かされます。

　薄力粉（バイオレット）に水を加え、混ぜたあと3日間冷蔵庫で保存してみました（右の写真参照）。粘りのあるグルテンが形成されています。

扱い方でグルテンは変わる

　小麦粉は加える液体の量によって、パンに適した弾力のあるやわらかめの生地、クッキーに向くしっかりした生地など、さまざまな状態に変化します。また、種類によって含まれるタンパク質の量も変わるため、どの粉を使い、どのくらいの水分を加えるのか、どのくらい混ぜるのか…によって、仕上がりに大きく影響するのです（P7参照）。

　一般的に「グルテンが多いと、目の詰まった、弾力のある生地になる」「グルテンが少ないと軽い生地になる」といわれており、そのことを意識しながら材料や工程を組み立てています。

　もっちりした生地が特徴のファー・ブルトンは、よく混ぜることで理想の食感を生み出しています。逆にケーク・サレは、あまり混ぜずに作り、チーズが入っても重くならない食感に。それぞれ混ぜ方による仕上がりの違いについて検証しているので、参考にしてみてください。

※グルテンの影響で、生地の仕上がりに差が出ると考えていますが、副材料の影響も考えられるため、あくまでも作り方から得られる仕上がりの差異について言及しています。

Lesson 01

ラング・ド・シャ

Langues de chat

レモンと紅茶のラング・ド・シャ
Langues de chat au citron et au thé

本来は細長い形をしていて、フランス語で「猫の舌」という意味のお菓子。
今回はシャブロンという型を使い、小さい丸形に焼いています。
卵黄を使わずに、卵白のみを使うので、クッキーより軽く仕上がります。
最大のポイントは、あまり混ぜない（強い乳化を目指さない）こと。
ラング・ド・シャ特有のサクサク感と、ホロッとくずれるような口当たりが楽しめます。
レモンの皮と紅茶の茶葉を入れて香り高く仕上げました。

材料

直径40mm 約40枚

発酵バター	30g
粉糖	30g
卵白	30g
レモンの皮	小1/2個分 (1g)
紅茶の茶葉 (アールグレイ)	小さじ1/2程度 (1g)
アーモンドパウダー	15g
薄力粉 (バイオレット)	20g

下準備

- バターは常温でゆるめておく（P28参照）

  point かたいと分離する。ゆるすぎるとシャブロンを使ったときに生地が広がる。

- 卵白は常温にしておく
- レモンは塩で表面を揉んで洗い、キッチンペーパーで水気を拭き取っておく
- 茶葉が大きい場合は刻んでおく
- アーモンドパウダー、薄力粉はそれぞれふるっておく（P28参照）

道具の紹介

シャブロン
生地を均等の厚さと形に伸ばせる、シリコン製のラング・ド・シャ用の型。より簡単に形をそろえられるのであると便利。なければ、絞り袋を使う。

シルパット
グラスファイバーにシリコン加工されたオーブンマット。ラング・ド・シャのように薄い生地を焼く場合、オーブンの風であおられないように重みのあるシルパットを使っている。

基本の作り方

[生地を作る]

❶

ボウルに入れたバターをゴムベラで混ぜてなめらかにし、粉糖を2回くらいに分けて、ふるいながら加え、その都度混ぜる。

point 粉糖はゴムベラで混ぜて、飛び散らなければ一度に加えてもよい。泡立てない。

❷

卵白を3〜4回に分けて加え、その都度切るように混ぜる。

point ゴムベラについた生地をこまめに取って混ぜること。ここにバターの混ぜ残りが多くつきやすい。

バターの粒が見えないくらいに混ぜればよい。

point あまり混ぜない（強い乳化を目指さない）で作ることが大切。そうすると、サクサクしすぎず、かたすぎない食感になる。生地を強く乳化させてひとかたまりになると、かんだときに少し歯ごたえのある生地感になる。

point バターと卵白が分離したまま粉類を入れると、サクサク感が強すぎる生地になる。

❸

レモンの皮をゼスターで削って加え、紅茶の茶葉を加えて混ぜる。

❹

アーモンドパウダーを再度ふるいながら、❸に加えて混ぜる。

point アーモンドパウダーはグルテン（P14参照）が出ないので先に混ぜる。

❺

薄力粉を再度ふるいながら、❹に加えて混ぜる。

point 粉類はふるいながら加えると、分散しやすい。

18

/ レモンと紅茶のラング・ド・シャ /

［シャブロンで成形する］

❻

シルパットにシャブロンをのせ、❺の生地をパレットナイフでシャブロンの穴を埋めるように入れる。
point やや多めに生地を入れるのがポイント。

❼

パレットナイフで平らにならす。
point 穴のないところもうっすら生地が残る程度が目安。一度ならせばOK。さわりすぎない。

シャブロンを持ち上げて手でそっとはずす。

シャブロンがないときは…　絞り袋と丸口金を使って、生地を絞り出す

❶

わら半紙に、20mmと30mm間隔の線を交互に引く。

❷

天板にわら半紙、シルパットを重ねてのせる。直径10〜12mmの丸口金をつけた絞り袋に❺の生地を入れ、わら半紙の線を目安にしながら直径30mm大に絞る。

❸

天板ごと台に打ちつけて、生地をならす。わら半紙を抜き取る。
point 絞ると中心が分厚く、絞ったまま焼くと、生地の中心がしっかりサクッと焼けないため。

［焼く］

❽

❼を天板にのせ、150℃のオーブンで8分半、天板の向きを変えて2分程度焼く。

point きちんと焼き上がると、シルパットを持ち上げたときに自然とはがれる。

天板にのせたまま、粗熱を取る。

※乾燥剤などを入れて密閉して、常温で3日程度保存可。

19

検証①

Vérification No.1

あまり混ぜない（強い乳化を目指さない）で作る場合と、手応えが出るまでしっかり混ぜて（強く乳化させて）作る場合の違いは？

生地のサックリ感が違う

あまり混ぜない（強い乳化を目指さない）で作る場合と、手応えが出るまでしっかり混ぜて（強く乳化させて）作る場合に、仕上がりに差が出るのか比べてみました。

作り方は、基本の作り方（P16〜19）を元に以下で統一しました。

❶ バターを常温でゆるめておく（温度25〜26℃前後）。
❷ 粉糖、卵白、粉類を加えたあとの、それぞれの混ぜる回数を合わせる。卵白を混ぜた生地の温度は21℃前後。
❸ 検証につき、レモンの皮、紅茶の茶葉は入れない。

基本の作り方では、卵白を加えてから、バターの粒が見えなくなるくらいまで細かく切るように混ぜています。生地にギュッと締まったような手応えがなく、たらりとした状態です。そのため、生地のつながりが弱く、サクサク感が楽しめます。

卵白を加えてしっかり混ぜて作ると、生地の段階ではひとかたまりにまとまり、シャブロンで成形するときに生地がくっついて広げにくくなります。食べたときに、サクサク感があまりなく、少し歯応えのある生地に仕上がります。

ラング・ド・シャならではの、歯切れよい食感を求めるのであれば、ラフに混ぜて作るのがおすすめです。

これらの結果から考えると、全てのお菓子においてきちんと強く乳化することが、必ずしも正しいというわけではありません。最終的にどのような仕上がり、食感にしたいのか、で決めるとよいと思います。

基本の作り方 (P16〜19) 通りに、あまり混ぜないで作った生地

しっかり混ぜて作った生地

あまり混ぜないで作った生地を焼いたもの

しっかり混ぜて作った生地を焼いたもの

検証②

Vérification No.2

溶かしたバターで作ると？

生地が広がり、食感がややかたくなる

P20～21の検証①によって、混ぜ方を変えると仕上がりの生地感に違いが出るとわかりました。では、バターの状態を変えると、どのような違いが出るのか比較してみました。

作り方は、基本の作り方（P16～19）を元に以下で統一しました。

❶ 粉糖、粉類を加えたあとの、それぞれの混ぜる回数を合わせる。
❷ 検証につき、レモンの皮、紅茶の茶葉は入れない。

基本の作り方のままでは、溶かしバターに粉糖を加えるとダマになりやすく混ざりにくいので、次の2通り（㋐、㋑）の順に変更しました。

㋐ アーモンドパウダー＋粉糖→卵白→薄力粉→溶かしバター

㋑ アーモンドパウダー＋粉糖→卵白→溶かしバター→薄力粉

㋐と㋑は、グルテンの形成に影響する油脂をどの段階で入れるのか、の作り比べです。さらに、生地を冷やすとどうなるのか、検証しました。

A：基本の生地（P16～19）は、サクサク感とホロホロ感のバランスがよく、バターの香りが豊かです。

B：ゆるめたバターを溶かしバターに代え、㋐の順で材料を混ぜました。生地がゆるいので、冷蔵庫で10分程度冷やしました。形は基本にいちばん近いですが、最もしっかりした食感に。砂糖の甘みを強く感じ、バターも香ります。

C：ゆるめたバターを溶かしバターに代え、㋑の順で材料を混ぜ、冷やさず焼きました。
写真のように形を維持できず、基本よりもやや広がります。バターの香りが弱く感じます。

D：ゆるめたバターを溶かしバターに代え、㋑の順で材料を混ぜました。この生地を冷蔵庫で10分程度冷やしました。
写真のように形は維持できましたが、表面に凹凸がややあります。バターの香りが弱く、粉特有のにおいが気になります。

溶かしバターで作ると、下記の共通点がありました。
・シルパットに貼りつく感じの焼き上がり。
・表面に光沢が出る。

ゆるめたバターで作る生地と、溶かしバターで作る生地では、まったく食感や質感が異なり、冷やしても同じようには仕上がらないことがわかりました。

A 基本の作り方（P16〜19）通りに、
ゆるめたバターで作ったもの

B バターを溶かしバターに代え、
㋐の順で材料を混ぜて、生地を冷やして作ったもの

C バターを溶かしバターに代え、
㋑の順で材料を混ぜて、生地を冷やさず作ったもの

D バターを溶かしバターに代え、
㋑の順で材料を混ぜて、生地を冷やして作ったもの

23

検証 ③

Vérification No.3

同じ配合のまま薄力粉の種類を変えてみると？

「ドルチェ」 粉感が強く、カリッとしている

「特宝笠」 サクサクして、甘みが強い

普段、「薄力粉はどれも同じ」と思い込んでいませんか？
ひと口に薄力粉といっても、種類はさまざまで、タンパク質含有量や灰分量が異なります（P7参照）。

一般的に、薄力粉はタンパク質含有量が少ないほどキメが細かいため、サクッと軽い仕上がりになります。
灰分は、外皮や胚芽部分に含まれているミネラル分を指し、多いほど小麦の風味が立つといわれています。一方、灰分が多いと、くすんだ色になり、舌ざわりが悪くなる傾向があります。

同じ分類の薄力粉でも、種類によって、仕上がりに差が出るのか比べてみました。
作り方は、基本の作り方（P16〜19）で統一しました。

「バイオレット（基本）」は、製菓用に作られた薄力粉で、多くのプロも使います。
サクサク感とホロホロ感のバランスがよく、バターの香りが豊か。見た目がきれいに仕上がります。

「ドルチェ」は、タンパク質量が非常に多い薄力粉です。基本に比べ、カリッとして、ややしっかりとした食感。粉の風味を強く感じます。

「特宝笠」は、グルテン量が少ない薄力粉です。基本に比べ、サクサクとした食感で、あと味に甘みを強く感じます。

同じ分類の薄力粉で比較しても、食感はもちろん、口の中に最後に残る味の余韻が違います。薄力粉（小麦粉）の種類ごとの性質を知り、どのような仕上がりにしたいのか、で使い分けるとお菓子の幅が広がります。

基本の作り方（P16〜19）通りに、薄力粉（バイオレット）で作ったもの　　薄力粉（ドルチェ）で作ったもの　　薄力粉（特宝笠）で作ったもの

検証 ④

Vérification No.4

ラング・ド・シャの食感を生かす
お菓子を作る場合は？

⌄

サクサク食感に合わせるのは、
プラリネ入りのチョコレート

レモンと紅茶のラング・ド・シャ（P16〜19）に紅茶の茶葉を入れずに作った生地を焼き、プラリネ入りチョコレートを挟みます。
薄焼きのサクサク食感のラング・ド・シャは、チョコレートと相性抜群。チョコレートに、香ばしくザクザク感がある自家製プラリネを混ぜることで、食感のアクセントになります。

ラング・ド・シャ プラリネ入りチョコサンド

材料
約15個分

◆ラング・ド・シャ生地
(50mm×45mmのハート型 約30枚)

発酵バター	30g
粉糖	30g
卵白	30g
レモンの皮	小½個分(1g)
アーモンドパウダー	15g
薄力粉(バイオレット)	20g

◆プラリネ入りチョコレート
(作りやすい量)

クーベルチュール・チョコレート (カカオ分40%)	30g
自家製プラリネ(下記参照)	20g

◆自家製プラリネ(作りやすい量)

ヘーゼルナッツ(皮なし・生)	100g
微粒子グラニュー糖	65g
水	50g

ラング・ド・シャ生地の下準備

- バターは常温でゆるめておく(P28参照)
  - **point** かたいと分離する。ゆるすぎるとシャブロンを使ったときに生地が広がる。
- 卵白は常温にしておく
- レモンは塩で表面を揉んで洗い、キッチンペーパーで水気を拭き取っておく
- アーモンドパウダー、薄力粉はそれぞれふるっておく(P28参照)

作り方

[自家製プラリネを作る]

1. ヘーゼルナッツは150℃のオーブンで5分程度から焼きしておく。
   - **point** 熱い状態でシロップと絡めると作業性がよい。

2. 鍋にグラニュー糖、水を入れて中火にかける。117℃まで煮詰め、鍋のフチの泡がゆっくり潰れるくらいになったらすぐに火を止めて、**1**の熱々のナッツを入れる(**a**)。
   - **point** シロップは少量なので、混ぜるとゴムベラについた砂糖が再結晶してしまうので混ぜない。
   - **point** 温度が117℃になっていなくても、混ぜ続けると時間がかかるがグラニュー糖は結晶化する。

3. ヘラで混ぜながらシロップをナッツに絡め(**b**)、白く結晶化してパラパラになったら(**c**)、もう一度弱火にかける。ナッツを転がしながら絶えず混ぜ、ゆっくりと砂糖を溶かしキャラメル色にする(**d**)。

4. 火を止め、オーブンシートを敷いたバットにあけて冷ます。

5. 完全に冷めたら手で粗く砕き、フードプロセッサーでペースト状にする(**e**)。

※密閉して冷蔵庫で1週間程度保存可。使用する際に分離した油分と固形分を混ぜて使う。

[ラング・ド・シャ生地を作る]

6. レモンと紅茶のラング・ド・シャの作り方**1〜8**と同様に作る(P18〜19参照)。ただし、紅茶の茶葉を加えずに作り、ハート形のシャブロンを使用する。

[プラリネ入りチョコレートを作る]

7. 耐熱容器にチョコレートを入れ、500Wの電子レンジで20〜30秒加熱して溶かし、自家製プラリネを加えて混ぜる。
   - **point** チョコレートを溶かしすぎない。

[組み立て]

8. **7**のプラリネ入りチョコレートを絞れるかたさに調整し、**6**のラング・ド・シャの中心に1gのせ、もう1枚のラング・ド・シャをのせて挟む。

※乾燥剤などを入れて密閉して、冷蔵で2〜3日保存可。

a

b

c

d

e

下準備について

お菓子を作り始める前に必要な準備があります。
なにげなく捉えがちですが、ここにもポイントが。詳しいコツや注意してほしい点を解説します。

材料を計量する

繊細なお菓子は材料の分量の違いが、味はもちろん食感や香り、膨らみ方など、仕上がりに大きく影響します。途中で作業を止めてしまうと状態が変わってしまうので、スムーズに行うためにも、最初に全ての材料をきちんと量りそろえておきましょう。

粉類をふるう

小麦粉やアーモンドパウダー、粉糖などは、ふるいます。かたまりを取り除く他、空気を含ませることでふんわり焼き上がります。かたまりがあるとダマができるので、必ず行います。生地などに粉類を加えるときは、ふるいながら行うと分散して均一に混ざります。

バターを常温でゆるめる

常温とは20～25℃を想定しています。季節により温度が大きく異なるため注意してください。材料どうしを混ざりやすくしたり、乳化させたりするのに不可欠な作業です。電子レンジを使うと早くできますが、溶かしてしまうと冷やしても元に戻らないので注意しましょう。

バターを冷やす

バターを10mm角に切って、冷蔵庫か冷凍庫で20分程度冷やしておきます。切る際にゆるむので、切ってから再び冷やしましょう。バターが冷たすぎると、混ぜ合わせたときにバターの粒が最後まで残ったままになるので、長く冷やしすぎないように。

全卵を常温にする

冷蔵庫から出して15～25℃になるのに1時間程度かかります。バターと同様、分離せず他の材料とよく混ざるようにするために行います。本書では、よく溶きほぐしてから行っています。

全卵を冷やす

タルト生地などは、粉類やバターを冷やしますが、卵も冷やすことで生地が扱いやすくなります。冷蔵庫に30分程度おけば完了です。本書では、よく溶きほぐしてから行っています。

Lesson 02

クッキー
Cookies

クッキー

Cookies

お菓子作りの王道ともいえるクッキーは
材料がバター、砂糖、卵、小麦粉と非常にシンプル。
それゆえに素材の味がダイレクトに出るので、材料にこだわって作ると、
お店にも負けない風味豊かな仕上がりになります。
全卵を使うので、他の材料となじむように混ぜるのが大切ですが、
ゴムベラを使い、生地を練らないようにすることがおいしい食感に仕上げるポイントです。
バターを泡立てずに作ることで、発酵バターの風味を存分に味わえます。

材料

直径48mm 約30枚分

発酵バター	100g
微粒子グラニュー糖	80g
全卵	20g
準強力粉（フランス）	150g

下準備

- バターは常温でゆるめておく（P28参照）
- 全卵は溶きほぐして常温にしておく（P28参照）
- 準強力粉はふるっておく（P28参照）

基本の作り方

[材料を混ぜる]

❶

ボウルに入れたバターをゴムベラで均一にし、グラニュー糖を一度に加えて混ぜる。

❷

全卵を3回くらいに分けて加え、ゴムベラでバターを縦に切るようにし、その都度きちんと混ぜる。

point 手応えを感じるところまで混ぜたら、次の卵を加える。

❸

準強力粉を再度ふるいながら加え、生地を切るように混ぜる。

point 最初に切り混ぜて、バターや卵のかたまりをくずすことで水分が分散し、粉が飛びにくくなる。

粉が飛ばなくなったら、底から生地を持ち上げるようにして、粉気がなくなるまで混ぜる。

❹

ごろごろとしたかたまりになったら、ラップに取り出し、ギュッと押しつけるようにしてひとまとめにする。

point 粉っぽいところがあったら、内側に入れ込み、均一にする。

/ クッキー /

［生地を休ませる］
5

ラップで包み、冷蔵庫で30分程度休ませる。

point ベタベタしていると扱いづらいので、伸ばしやすく、型抜きしやすいかたさになるまで休ませる。

［成形する］
6

point ギターシートは厚手のチョコレート用ビニールシートで、表面にシワがよりにくい。製菓材料店やインターネットで購入可。ラップでも代用できるが、表面がよりきれいに仕上がる。

※焼く前の生地はしっかりとラップで包み、2週間程度冷凍保存可。使うときは凍ったまま**7**と同様に型で抜く。

冷蔵庫から出して、ギターシートで挟み、ルーラーを使って麺棒で5mmの厚さに伸ばす。

［型で抜く］
7

直径48mmの丸型で手早く抜き、シルパン(なければオーブンシートでも可)に間隔をあけて並べる。残った生地もまとめ直して、**6**と同様に伸ばし、型で抜く。

point シルパン(P11参照)を使用すると生地がサックリと焼き上がる。

［焼く］
8

160℃のオーブンで10分、天板の向きを変えて5分焼く。粗熱が取れたらシルパンからはずす。

point 焼きが足りないときは、さらに3分程度焼く。

※乾燥剤などを入れて密閉して、涼しいところで3日程度保存可。

検証 ①

Vérification No.1

同じ配合のまま
全卵を、卵白や卵黄に代えてみると？

| 卵白 | 基本よりもしっかりした食感
| 卵黄 | 基本よりもホロホロ

バター、砂糖、卵、小麦粉と材料がシンプルなクッキー。卵が変わると、どのような違いが出るのか検証してみました。

クッキーの作り方は、全卵、卵黄、卵白とさまざまな配合があります。
基本の作り方（P30〜33）では、全卵20gを使用しています。同じ分量で、全卵を卵黄のみ、卵白のみに代えました。
作り方は、基本の作り方（P30〜33）を元に以下で統一しました。

❶ エッジをわかりやすくするため、同じ四角の型を使って抜く。

❷ 焼く前の生地の重量を同じにする。

「全卵（基本）」は、サクッとした食感で、粉のおいしさも十分に感じられます。

「卵白」は、エッジがやや強く、生地色が若干白っぽい仕上がり。加熱により卵白のタンパク質が凝固し、ややしっかりした食感に仕上がり、口に残ります。

「卵黄」は、ホロッとした食感で、卵の風味がとても濃く感じます。表面が凸凹とし、生地色が濃いめ。卵白には脂質が含まれていませんが、卵黄には約3割含まれているため、少しやわらかい食感です。

このように、食感と風味に大きな違いが出ますが、私は味の面から次のように使い分けています。
● 生地にコクを出したい場合は、卵黄を使用する。
● バターの風味や副材料（例えばココアや抹茶など）を強調したい場合、生地の色を黄色に寄せたくない場合は、卵白を使用する。
● その中間は全卵を使用する。

他に、ガナッシュを挟みたいときなどは、生地の味とガナッシュの味がけんかしないか、生地の質感が合うかなど全体をみて決めます。卵の量は、検証結果からわかるように食感に影響します。
生地感の違いや、生地と味のバランスなど、どのようなクッキーを目指しているのかにより、卵を使い分けるようにしましょう。

基本の作り方(P30〜33)通りに、全卵20gで作ったもの

卵白20gで作ったもの

卵黄20gで作ったもの

検証②

Vérification No.2

同じ配合のまま卵の量を変えてみると？

風味やかたさ、食感などに違いが出る

卵の量によってクッキーにどのような違いが出るのか、比較しました。
全卵2倍量の生地がベタついたので、さらに4倍量にするとどのような違いがあるのか、また、いっそ卵を入れないとどのようになるのか、焼き上がりを見ていきましょう。

作り方は、基本の作り方（P30～33）を元に以下で統一しました。

● エッジをわかりやすくするため、同じ四角の型を使って抜く。

「全卵20g（基本）」は、サクッとした食感で、粉のおいしさも十分に感じられます。

「全卵2倍量（40g）」は、基本よりも卵の風味が強いです。作っているときに生地がベタつく印象。焼き上がりは、サクッとした食感がありつつ、しっとり感もあるリッチな生地です。生地が多少広がります。

「全卵4倍量（80g）」は、作っているときに生地が非常にベタつきます。焼き上がりは、しっとり感もありつつ、ホロッとした食感で、まるで卵ボーロのよう。甘さをあまり感じません。表面に凸凹ができ、生地が多少広がります。

「卵なし」は、ガリッとかたいですが、甘さが感じられ、素朴な風味。作っているときにまとまりにくく、焼き上がりの表面も凸凹で、断面は層になっています。卵がない分、水分も少なく、生地がつながりにくかったといえます。卵を入れずに、かたくないクッキーにするには、厚焼きバターサブレ（前著『たけだかおる洋菓子研究室のマニアックレッスン』P15）のように、バターを増やしましょう。

基本の作り方（P30〜33）通りに、全卵 20g で作ったもの

全卵 2 倍量（40g）で作ったもの

全卵 4 倍量（80g）で作ったもの

卵を入れずに作ったもの

検証③

Vérification No.3

砂糖の量を変えてみると？

[砂糖半量] サクサクとした食感で軽い
[砂糖2倍量] ザクザクとした食感

甘さを控えたクッキーを作りたいからと砂糖を独自に減らして作る方が多いと聞きます。ですが、砂糖は、クッキーを形成する上で欠かせない材料です。減らしてしまうとどうなるのか、逆に砂糖を増やすとどうなるのか、検証しました。

微粒子グラニュー糖を基本の分量(80g)の半量(40g)にした場合と、基本の分量の2倍量(160g)にした場合を作りました。

作り方は、基本の作り方(P30〜33)を元に以下で統一しました。
- ●エッジをわかりやすくするため、同じ四角の型を使って抜く。

「砂糖80g(基本)」は、他のクッキーに比べ、サクッとした食感で、粉のおいしさも十分に感じられます。バター、卵、粉のバランスがよいです。

「砂糖半量(40g)」は、生地を抜いたままの形、大きさに焼き上がります。サクサクとした食感で、軽く、もろい仕上がり。翌日食べると、粉と卵を感じます。

「砂糖2倍量(160g)」は、表面が凸凹し、口に入れた瞬間にしっかりしたかたさを感じます。ザクザクとした食感です。

チョコチップなどの副材料を加える場合に砂糖を減らすことを考えるかもしれませんが、砂糖を減らすと、上記の検証結果のように生地感も変わります。このことを頭において減らしましょう。全体のバランスとして考えるのであれば、チョコレートをビターにする、または味を引き締めるためにほんの少し塩を加えるなどするとよいでしょう。他に、ココアや抹茶を入れる場合は、生地が少し締まります。若干ですが生地のつながりが弱く、もろくなる傾向もありますので、砂糖を増やすのもひとつの方法です。

理想の食感や風味を求めながらも、どこまで砂糖の量を加減できるのか、参考にしてください。

基本の作り方（P30〜33）通りに、　　　砂糖を半量（40g）　　　　　砂糖を2倍量（160g）
砂糖80gで作ったもの　　　　　　　　にして作ったもの　　　　　　にして作ったもの

検証④

Vérification No.4

ベーキングパウダーや重曹を入れると？

質感が変わる。
生地が広がり、やや膨らむ

ベーキングパウダー（BP）と重曹は、どちらもパンや焼き菓子に使われる膨張剤の一種で、炭酸ガスが生地を膨らませる働きをします。BPは、重曹にコーンスターチなどを添加したもの。重曹を使うと、生地が黄ばんだり、特有のにおいが残ることがあるといわれています。

つまり、重曹は純度が高く、BPに含まれる炭酸水素ナトリウムの含有量は低いといえます。どちらも生地をふんわり、膨らませたいときに使うことが多く、クッキー作りにおいてもよく使われています。バターや卵の香りをより感じられるように、基本の作り方では使わずに作りました。

作り方は、基本の作り方（P30〜33）を元にし、条件は以下の通りです。

- エッジをわかりやすくするため、同じ四角の型を使って抜く。
- BP、重曹ともに、下準備で薄力粉と合わせてふるう。
- 「BP入り」は、基本のクッキーにBP（炭酸水素ナトリウム27.4%）4.6gを加える（粉に対して約3%）。これは検証のため、使用したBPのメーカーが推奨する量よりも多く設定した。
- 「重曹入り」は、基本のクッキーに重曹（重炭酸ナトリウム100%）1.3gを加える（粉に対して約0.86%）。左記のBPと炭酸水素ナトリウム量が等しくなるように算出した量。

「BP入り」「重曹入り」ともに、焼き色には大きな違いはありませんが、基本に比べ、エッジがややゆるみ、表面がやや膨らみました。食感はどちらもサクサクとしていますが、それぞれ特有のにおいが感じられます。クッキー本来の粉やバターの風味が薄れてしまう印象です。特に「BP入り」はほのかに酸味があります。特有のにおいや酸味は、翌日以降の方が強く感じられました。

また、一般的に重曹は横に膨らむ、BPは縦に膨らむといわれていますが、その違いはこのクッキーの配合ではわかりませんでした。

なお、BPは、メーカーにより、炭酸水素ナトリウム量などの成分が異なります。成分によって、さらに違いが出る可能性があります。

基本の作り方（P30〜33）通りに、ベーキングパウダーや重曹を入れずに作ったもの

ベーキングパウダーを加えて作ったもの

重曹を加えて作ったもの

検証⑤

Vérification No.5

バターを泡立てて作ってみると？

生地がサクサクと軽くなり、バターの風味がやや弱い印象

前著『たけだかおる洋菓子研究室のマニアックレッスン』のバターケーキの検証①（P52）で、バターを泡立てて作ったところ、バターの風味が弱まりました。では、クッキーではどのような違いがあるのでしょうか。

作り方は、以下の通りです。

❶ バターを常温でゆるめておく。
❷ ゆるめたバターにグラニュー糖を一度に加え、泡立て器で白っぽくなるまでしっかりすり混ぜる。
❸ 全卵を3〜4回に分けて加え、その都度泡立て器でしっかりと空気を抱き込んで白っぽくなるまで泡立てる。

以降は、基本の作り方（P30〜33）で統一しました。

基本の作り方はバターを泡立てていないので、よりストレートにバターの風味を感じます。

バターを泡立てるとしっかりと空気を抱き込んで、サクサクとした軽い仕上がりに。

基本通りに作ったものより、口当たりは軽く、粉の風味が強くなりますが、その分バターの風味が薄れます。

バターを泡立てて作るのは、粉合わせをあまり気にせずにサクサクに作れる最短の方法ともいえます。ただし、バターの香りが穏やかになるということは、発酵バターでなくてもよいということになります。わざわざ発酵バターを使う必然性がありません。また、抹茶やココアなどの香りを立たせたいときには、バターを泡立てて軽く仕上げる方法が有効です。

せっかく発酵バターを使って作るのであれば、その香りを最も引き出せる、バターを泡立てない基本の方法をおすすめします。

基本の作り方(P30〜33)通りに、バターを泡立てずに作ったもの

バターを泡立てて作ったもの

検証⑥

Vérification No.6

卵黄で作るおすすめのクッキーは？

ざっくりとした食感が楽しめるガレット・ブルトンヌ

ザクザクとした食感がおいしい、ガレット・ブルトンヌ。発酵バターの風味が豊かで、卵のやさしい味わい、ほのかな塩気がきいた厚焼きのクッキーです。

フランスのブルターニュ地方で愛されている焼き菓子で、酪農が盛んな地元産の乳製品や、名産・ゲランドの塩などを材料として作られ続けてきました。本場では有塩バターで作ることも多いですが、塩分量を自分の好みに調整しやすいように、発酵バター（食塩不使用タイプ）に塩を加えて作りました。

ガレット・ブルトンヌ

材料

直径55mm 8個分

- 発酵バター ……………… 100g
- 微粒子グラニュー糖 ‥ 45g
- 塩 (ゲランド産) ………… 0.8g
- オレンジの皮
  ………… 小1個分 (1.5g)
- バニラオイル ………… 適量
- 卵黄 ………………………… 16g
- 生クリーム (乳脂肪分36%)
  ………………………………… 5g
- アーモンドパウダー …… 55g
- 準強力粉 (フランス) …… 100g

下準備

- バターは常温でゆるめておく (P28参照)
- オレンジは塩で表面を揉んで洗い、キッチンペーパーで水気を拭き取っておく
- アーモンドパウダー、準強力粉はそれぞれふるっておく (P28参照)

作り方

1. ボウルに入れたバターにグラニュー糖、塩を加え、ゴムベラで混ぜる。オレンジの皮をゼスターで削って加えて混ぜ、バニラオイルも加えて混ぜる。

2. 卵黄を2回くらいに分けて加え、その都度混ぜ合わせる。生クリームを加えてゴムベラで混ぜる。

3. アーモンドパウダーを再度ふるいながら加え、混ぜる。

   point アーモンドパウダーはグルテン (P14参照) が出ないので、先に混ぜる。

4. 準強力粉を再度ふるいながら加え、粉気がなくなるまで混ぜる。

5. ラップに取り出し、ギュッと押しつけるようにしてひとまとめにする。ラップで包み、冷蔵庫で1〜2時間 (できれば一晩) 休ませる。

6. 麺棒で軽くたたき、かたさを整える。ギターシート (P33参照) で挟み、ルーラーを使って麺棒で15mmの厚さに伸ばし、3〜4時間以上 (できれば一晩) 冷凍する。

   ※焼く前の生地はしっかりとラップで包み、2週間程度冷凍保存可。使うときは**7**と同様に成形し、型で抜く。

7. 直径50mmのセルクルで手早く抜き、天板にのせたシルパン (P11参照) に間隔をあけて並べる。残った生地はまとめ直して、**6**と同様に伸ばし、再度冷凍してから型で抜く。

   point シルパンを使用すると生地がサックリと焼き上がる。

8. 卵黄 (分量外) を刷毛で薄く塗り、冷蔵庫に30分入れて乾燥させる。乾いたらもう一度、卵黄を塗る。

   point 卵黄を厚く塗りすぎない。厚く塗ると、食べたときに卵の膜が残る感じになる。

9. 表面にフォークで線を描き、直径55mmのセルクルを生地にはめる (**a**)。

   point フォークは先端が細く、幅が同じものがよい。

   point セルクルをはめないと、焼成中に横に広がってしまう。焼成すると生地は膨らむので、ひと回り大きいセルクルを必ずはめる。

10. 別の天板に、**9**を天板ごとのせ (天板を2枚重ねにする)、160℃のオーブンで10分、天板の向きを変えて7分焼く。

    point 長時間焼くので、熱の当たりをやわらげるために天板を2枚重ねる。

11. セルクルを少しひねりながらはずし (はずれないときは5分程度焼き足す)、生地にオーブンシート、天板をのせて軽く押す (**b**)。

    point 生地が膨らんだら、天板で少し押すことで表面が平らに仕上がる。

12. 140℃に下げたオーブンで10分、天板の向きを変えて10分焼く。粗熱が取れたら、そっとはずす。

    point シルパンの下から裏に手を添えて持ち上げると、はがれやすい。

※乾燥剤などを入れて密閉して、常温で3日程度保存可。

検証 ⑦

Vérification No.7

卵白だけで作っておいしいクッキーは？
⌄
サクサクとした食感のサブレに、濃厚なキャラメルを合わせる

「サブレ」はフランス語で「砂」の意味。あえて薄く焼き上げることで、よりいっそうホロホロともろくくずれるような食感が楽しめます。
そのまま食べてもおいしい生地ですが、シンプルでさっぱりとした味なので、濃厚なキャラメルと合わせるとワンランク上のスイーツに。キャラメルは、有塩バターを使うことで、塩味で全体の味を引き締める効果を生かしています。サクサク食感をキープするためには、サブレに湿気止めのチョコレートを塗ること。このひと手間が大切です。

キャラメルサンドサブレ

材料

直径48mm 約22個分

◆ サブレ生地
(直径48mm 45枚分)

発酵バター	100g
粉糖	40g
塩	0.4g
卵白	12g
アーモンドパウダー	60g
準強力粉 (フランス)	110g

◆ キャラメルソース
(作りやすい量)

微粒子グラニュー糖	60g
生クリーム (乳脂肪分36%)	100g
バター (有塩)	30g

◆ 湿気止めのチョコレート
(作りやすい量)

パータグラッセ	50g
クーベルチュール・チョコレート (カカオ分55%)	20g

サブレ生地の下準備

- バターは常温でゆるめておく (P28参照)
- 卵白は常温にしておく
- アーモンドパウダー、準強力粉はそれぞれふるっておく (P28参照)

作り方

[サブレ生地を作る]

1 ボウルに入れたバターに粉糖を一度に加え、ゴムベラで混ぜる。

2 塩を加えて混ぜる。

3 卵白を少しずつ加えて、その都度ゴムベラで混ぜる。

4 アーモンドパウダーを再度ふるいながら加えて混ぜる。

> **point** アーモンドパウダーはグルテン(P14参照)が出ないので、先に混ぜる。

5 準強力粉を再度ふるいながら加えて混ぜる。

6 ラップに取り出して包み、冷蔵庫で30分〜1時間休ませる。

7 ギターシート(P33参照)の中央に置いて挟み、ルーラーを使って麺棒で2mmの厚さに伸ばし、2〜3時間(できれば一晩)冷凍する。

※焼く前の生地はしっかりとラップで包み、2週間程度冷凍保存可。使うときは8と同様に型で抜く。

8 直径48mmの丸型で手早く抜き、シルパン(P11参照)に間隔をあけて並べる。残った生地もまとめ直して、再度冷凍してから型で抜く。

> **point** シルパンを使用すると生地がさっくり焼き上がる。

9 160℃のオーブンで8分程度焼く。粗熱が取れたらシルパンからはずす。

[キャラメルソースを作る]

10 鍋にグラニュー糖を入れて熱し、溶けたところにグラニュー糖を移動するように鍋をゆすって全体を溶かす。全体が溶けたらキャラメル色になるまで焦がす。このとき混ぜない。

> **point** 少量なので、混ぜるとゴムベラについた砂糖が再結晶してしまうので混ぜない。

11 火を止め、湯気が出るまで温めた生クリームを一度に加えて、泡立て器でしっかり混ぜる。仕上がりは、ゴムベラで鍋の底をなぞって確認する。ゆっくり鍋底が見えるようになるくらいが目安(a)。

> **point** 生クリームを加えたときに上がる湯気でやけどしないように、生クリームを電子レンジで加熱する際は大きめのボウルを使用するとよい。

12 バターを加えてしっかり混ぜ、ボウルで冷ましておく。写真のかたさが目安(b)。これよりもゆるい場合はもう一度中火程度で加熱してかたさを調整する。

[湿気止めのチョコレートを溶かす]

13 パータグラッセとチョコレートをボウルに入れ、湯せんにかけて溶かし、ゴムベラで混ぜる。

[組み立て]

14 冷ました9のサブレの裏に、13の湿気止めのチョコレートを刷毛で塗って乾かす。

> **point** サブレにキャラメルが直接触れると湿気やすいので、チョコレートでコーティングする。

15 14のサブレに、12のキャラメルソースをコルネで絞り、もう1枚のサブレを重ねて軽く押す(キャラメルソースは1個当たり2gが目安)。

※乾燥剤などを入れて密閉して、冷蔵庫で2〜3日保存可。食べる少し前に冷蔵庫から出す。

検証 ⑧

Vérification No.8

砂糖をほぼ入れずに作って
おいしいクッキーは？
⌄
もろい生地感が味わえる
チーズ・サブレ
卵を最後に加えるのがポイント

砂糖を少なくして作れば、もろい生地感に仕上がります。また、ポロポロとくずれるようなもろい生地感は、アーモンドのタルト（P55）のサブレ生地と同じように卵を最後に入れることで生まれます。卵を最後に入れる、つまり強く乳化していないということです。

軽い食感で、ワインやビールに合う、おつまみ感覚のチーズ・サブレはいかがですか。味の決め手はチーズなので、ぜひおいしいチーズで作ってください。チーズの塩分量によって味、塩気が変わるので、好みの味を見つけてください。

塩味とのバランスをとるために、グラニュー糖を少し足すのがポイントです。

チーズ・サブレ

材料

10mm×10mm×長さ70mm　28本分

- 準強力粉（フランス）…… 100g
- アーモンドパウダー …… 50g
- 発酵バター …… 80g
- パルミジャーノ・レッジャーノ すりおろし …… 20g
- 塩 …… 1.5g
- 微粒子グラニュー糖 ‥ 1.5g
- こしょう …… 適量
- オレガノ …… 小さじ1
- ドライバジル …… 小さじ1
- 全卵 …… 20g
- 黒こしょう（仕上げ用）… 適量

下準備

- 準強力粉、アーモンドパウダーは合わせてふるい（P28参照）、冷凍庫で30分〜1時間冷やしておく
- バターは10mm角に切り、冷凍庫で20分程度冷やしておく（P28参照・カチカチになるまで冷やしすぎるのは避ける）

  point カチカチだとバターと粉を合わせたときになじむまでに時間がかかりすぎて、バターがゆるんでしまう。カットした際にゆるむので、切ってから冷凍する（フードプロセッサーを使用する場合は冷蔵する。フードプロセッサーはカットする力が強く、冷凍すると全部がなじまずに細かい粒が残りやすい）。

  point バター、または粉を冷やしすぎると、混ぜ合わせたときにバターの粒が最後まで残ったままになるので、バターも粉も冷やしすぎない。

- 全卵は溶きほぐして冷やしておく（P28参照）

作り方

1. スタンドミキサー（なければフードプロセッサーでも可）に、冷やしておいた粉類とバター、チーズ、塩、グラニュー糖、こしょう、ハーブ類を入れ、バターの粒がなくなるまで混ぜる。全体が少し黄色っぽく、アーモンドパウダーのような色になる。

2. 全卵を一度に入れて、全体が大きめのゴロゴロした状態になるまで混ぜる。

   point ひとかたまりになる前に止めないと、フードプロセッサーの場合、モーターに負荷がかかる。

3. ラップに取り出して手でひとまとめにする。四角くしてから平らにして、ラップで包む。

   point バターを溶かさないように手早く作業する。ここできちんとまとめないと、あとで伸ばしたときにひび割れてしまう。

4. 30分〜1時間冷蔵庫で休ませる。

5. ギターシート（P33参照）の中央に置いて挟み、ルーラーを使って麺棒で10mm程度の厚さに伸ばし、1〜2時間冷蔵庫で冷やす。

   ※焼く前の生地はしっかりとラップで包み、2週間ほど冷凍保存可。使うときは6と同様に切る。

6. 幅10mmで長さ70mmに切り、シルパン（P11参照）に間隔をあけて並べる。

7. 表面に全卵（分量外）を刷毛で塗って、黒こしょうを振る。160℃のオーブンで12分、天板の向きを変えて3分焼く。

   ※乾燥剤などを入れて密閉して、常温で2〜3日保存可。

検証 ⑨

Vérification No.9

卵を使わずに、牛乳を入れて作るクッキーは？
⋁
ザクザクとした食感がおいしい全粒粉入りの生地

卵を使わずに、水分として牛乳を加えて生地をまとめています。塩で味を引き締め、牛乳で生地に軽さを出し、スキムミルクで全粒粉のクセをカバーしつつ、ミルク感をアップさせています。

ベーキングパウダーを入れていますが、特有のにおいはほぼ感じられません。これは、全粒粉やスキムミルクなどの強い香りがあるから。

さらに、コーヒー風味が絶妙なガナッシュが、全粒粉のクッキーにぴったり。コーヒーと全粒粉どちらも香ばしく、引き立て合っています。

全粒粉のガナッシュサンドクッキー

材料

直径48mm 約22個分

◆ サブレ生地
(直径48mm 菊型44枚分)

- 発酵バター ……………… 100g
- カソナード(P8参照) …… 60g
- 塩(ゲランド産) ………… 0.4g
- 牛乳 ……………………… 60g
- 薄力粉(バイオレット) … 90g
- 全粒粉(きたほなみ) …… 90g
- ベーキングパウダー …… 3g
- スキムミルク …………… 14g

◆ コーヒーガナッシュ
(作りやすい量)

- クーベルチュール・
  チョコレート
  (カカオ分56%) ………… 40g
- クーベルチュール・
  チョコレート
  (カカオ分40%) ………… 90g
- 生クリーム(乳脂肪分36%)
  …………………………… 90g
- トレモリン(転化糖) …… 10g
- インスタントコーヒー … 1.5g
- バター …………………… 35g

point トレモリンはペースト状の砂糖で、ガナッシュの状態を安定させる。

サブレ生地の下準備

- バターは常温でゆるめておく(P28参照)
- 牛乳は常温におき、人肌程度にする

point バターとなじみやすくなる。

- 薄力粉、全粒粉、ベーキングパウダーは合わせてふるっておく(P28参照)

作り方

[コーヒーガナッシュを作る]

1 ブレンダーの耐熱性カップにチョコレート2種類を入れ、500Wの電子レンジで30秒、20秒、10秒と順に時間を短くして加熱し、半分以上溶かす。

2 耐熱性ボウルに生クリームとトレモリン、インスタントコーヒーを合わせて入れ、500Wの電子レンジで湯気が出るまで温める。1に注ぎ入れ、ブレンダーで混ぜて乳化する。写真のようにツヤが出るのが目安(a)。

3 温度を下げて35℃くらいになったらバターを加えて混ぜる。オーブンシートを敷いた20cm四方のキャドル(なければバットでも可)にあけて4〜5mm程度の厚さにする(b)。冷凍庫で一晩程度休ませて、かたまったら直径38mmのセルクルで抜く。

[サブレ生地を作る]

4 ボウルに入れたバターをゴムベラでなめらかにして、カソナードを一度に加え、ゴムベラで混ぜる。塩を加えて混ぜる。

point 泡立てずに混ぜる。泡立てると過度に空気を抱き込み、もろくなってしまう(P42〜43参照)。

5 牛乳を10回くらいに分けて加え、その都度きちんと混ぜる。

6 ふるった粉類とスキムミルクを合わせ、5に加えて混ぜてひとまとめにする。ラップに取り出して平たく包み、扱いやすくなるまで冷蔵庫で30分程度休ませる。

point スキムミルクはダマになりやすいので、直前に粉と混ぜる。

7 冷蔵庫から出して、ギターシート(P33参照)の中央に置いて挟み、ルーラーを使って麺棒で3〜4mmの厚さに伸ばし、3〜4時間(できれば一晩)冷凍する。

※焼く前の生地はしっかりとラップで包み、2週間程度冷凍保存可。使うときは8と同様に型で抜く。

8 直径48mmの菊型で手早く抜き、シルパン(P11参照)に間隔をあけて並べる。

point 冷凍庫から出したてはかたいが、やわらかくしすぎない(手早く抜く)。

9 160℃のオーブンで8分程度、天板の向きを変えて4分焼く。粗熱が取れたらシルパンからはずす。

[組み立て]

10 冷ました9のサブレに、型抜きをした3のガナッシュをのせ、もう1枚のサブレを重ねて軽く押す。冷蔵庫においてなじませる。

※乾燥剤などを入れて密閉して、冷蔵庫で2日程度保存可。食べる少し前に冷蔵庫から出す。

検証 ⑩

Vérification No.10

卵を牛乳に代えて作ると？

牛乳の風味と甘さを感じる

P50〜51の全粒粉のガナッシュサンドクッキーでは、卵を使わずに作っています。

生地がまとまるように牛乳を加えるのがポイント。そこで、全卵（20g）の代わりに牛乳を加えると、どのような生地に仕上がるのか、検証してみました。

作り方は、基本の作り方（P30〜33）で統一しました。全卵20gを牛乳20gに置き換えて作りました。

牛乳はバターになじみにくいので、バターの状態は基本よりゆるめにしておく方が混ざりやすくなります。全卵を混ぜるときと同様に、バターのかたまりを切りくずすようにして牛乳を分散させるイメージで混ぜ込みましょう。ややベタつく生地なので、ラップをして休ませてから伸ばすときれいに仕上がります。

「牛乳」は、ミルキーな風味で、甘さを強く感じます。食感はかんだときに歯応えがあるかたさです。断面を見ると、気泡が入っているのがわかります。

割と素朴な印象のクッキーなので、全粒粉のガナッシュサンドクッキー（P50〜51）のように、粉の風味も楽しめるようなシンプルな仕上がりがよく合います。また、生地に加えるものは、チョコレートなどより、柑橘類の皮が合います。

基本の作り方（P30〜33）通りに、全卵20gで作ったもの

卵を牛乳20gに代えて作ったもの

Lesson 03

アーモンドの
タルト

Tartelettes aux amandes

アーモンドのタルト

Tartelettes aux amandes

香ばしさを存分に味わえるシンプルなタルト。
クレーム・ダマンドはしっかり乳化させて作ることで、
なめらかな舌ざわりと豊かな風味が楽しめます。
タルト生地にもアーモンドを使いつつ、小麦の軽さと
バターの香りが加わるので、クレームと相性抜群。
焼きたても最高ですが、冷めてからもおいしくいただけます。

材料

直径80mmのシルフォームタルト型 10個分

◆ サブレ生地
準強力粉（フランス）	100g
アーモンドパウダー	45g
粉糖	45g
発酵バター	60g
全卵	20g

◆ クレーム・ダマンド
発酵バター	75g
微粒子グラニュー糖	75g
全卵	75g
アーモンドパウダー	75g
ラム酒	8g

◆ デコレーション
アーモンドスライス	適量

サブレ生地の下準備

- 準強力粉、アーモンドパウダー、粉糖は合わせてふるい（P28参照）、冷凍庫で30分〜1時間冷やしておく
- バターは10mm角に切り、冷凍庫で20分程度冷やしておく（P28参照・カチカチになるまで冷やしすぎるのは避ける）
  - **point** バター、または粉を冷やしすぎると、混ぜ合わせたときにバターの粒が最後まで残ったままになるので、バターも粉も冷やしすぎない。
- 全卵は溶きほぐして冷やしておく（P28参照）

クレーム・ダマンドの下準備

- バターは常温でゆるめておく（P28参照）
  - **point** ここできちんとゆるめておかないと、あとで卵が混ざりにくくなる。
- 全卵は溶きほぐして常温にしておく（P28参照）
  - **point** 卵の温度が冷たいと分離の原因になる。
- アーモンドパウダーはふるっておく（P28参照）

道具の紹介

シルフォームタルト型

シリコンとグラスファイバーでできているため、使いやすく耐久性に優れている。型に油を塗る必要もなく、型はずしもスムーズ。

> 基本の作り方

［生地を作る］

❶

スタンドミキサー(なければフードプロセッサーでも可)に、冷やしておいた粉類とバターを入れて、バターの粒がなくなるまで撹拌する。

❷

全卵を一度に入れ、全体が大きめのゴロゴロした状態になるまで混ぜる。

❸

広げたラップの上に取り出して手でひとまとめにする。

point バターを溶かさないように手早く作業する。ここできちんとまとめないと、あとで伸ばしたときにひび割れてしまう。

丸めてから平らにして、ラップで包む。

［休ませる］

❹

冷蔵庫で3〜4時間(できれば一晩)休ませる。

［成形する］

❺

ラップで挟んだまま、ルーラーを使って麺棒で3mmの厚さに伸ばし、冷蔵庫で冷やしておく。

/ アーモンドのタルト /

［クレーム・ダマンドを作る］

ボウルに入れたバターにグラニュー糖を一度に加え、ゴムベラできちんと混ぜる。

❼

全卵を❻に小さじ1程度(6〜7g)ずつ加え、その都度混ぜる。

point 最初は切るように混ぜて、卵をなじませてから、全体をぐるぐると混ぜる。重さを感じるまできちんと混ぜること。

point 分離の原因になるので、卵の温度が下がったら温かい濡れ布巾にのせるなどして温める。

分離の状態とは

写真のように分離してしまうと、次の工程で粉を加えると分離が元に戻ったように見えますが、実際には乳化できていないので、重く、焼いたあと油脂が浮き出てきたり、きちんと乳化したようななめらかな食感には仕上がりません。

アーモンドパウダーを再度ふるいながら❼に加え、粉っぽさがなくなるまで混ぜる。

ラム酒を加えて混ぜ、ラップして、冷蔵庫で一晩休ませる。

❾をゴムベラで混ぜ、なめらかにする。10〜12mmの丸口金をセットした絞り袋に入れる。

［型で抜く］

生地を直径88mmの菊型で抜き、シルフォームタルト型に敷く。

/ アーモンドのタルト /

[クレーム・ダマンドを絞る]

12

⑩のクレーム・ダマンドを生地に30g程度ずつ絞る。

13

アーモンドスライスを散らす。

[焼く]

14

160℃に予熱したオーブンで15分程度焼き、天板の向きを変えて、焼き色がしっかりとつくまで8分程度(計23〜25分)焼く。

point シルフォームタルト型の場合、タルト生地を抜くサイズを変えると、好みの大きさのタルトにできる。そのときはクレーム・ダマンドの量と焼成時間は変える。

※焼いた当日がおいしい。密閉して、涼しいところで2日程度保存可。

検証①

Vérification No.1

クレーム・ダマンドをあまり混ぜない（強い乳化を目指さない）で作ると？

油脂の感じ方が異なる。特に時間経過による変化が大きい

乳化が大切なクレーム・ダマンドを、あまり混ぜない（強い乳化を目指さない）で作ると、焼き上がりに差が出るのか比べてみました。

作り方は、基本の作り方（P54〜59）を元に以下で統一しました。

❶ バターと卵を混ぜるときの温度は、バター、全卵ともに24℃前後。
❷ どちらも一晩冷蔵庫で休ませてから、常温に戻して焼く。22〜23℃。
❸ 検証につき、ラム酒は入れず、アーモンドスライスはのせない。
❹ サブレ生地は基本の作り方（P56）と同様に作り、1個あたりに21g程度ずつ使用する。
❺ クレーム・ダマンドを生地に、1個あたり30g程度ずつ絞る。

しっかり混ぜて（強く乳化させて）作る基本のクレーム・ダマンド（P57〜58）は、バターに全卵を小さじ1程度（6〜7g）ずつ加え、その都度手応えが出るまでしっかり混ぜて乳化させます。
バターとアーモンドの風味のバランスがよく、サブレ生地との一体感があり、あと味がよいです。

あまり混ぜないで作るクレーム・ダマンドは、バターに全卵を小さじ1程度（6〜7g）ずつ加え、その都度あまり混ぜずに手応えがゆるい状態で次を加えます。
黄身色が強く、ザラッとしており、休ませたあともザラッとしたままです。食べると、クレーム・ダマンドの甘みがやや少なく、バター感が強く、重い印象です。翌日以降に、バター染みが強く見られました。乳化が不十分だと、油脂が浮き出てきます。

クレーム・ダマンドのように、バターとアーモンドの風味が豊かな生地に合わせるには、しっかり混ぜてきちんと乳化させることが大切です。せっかくの発酵バターの風味もその方が生きます。また、サブレ生地との相性もよい仕上がりになります。

また、キャラメルりんごタルト（P66〜68）のように水分が多い果物を合わせて焼く場合、水分がクレーム・ダマンドに移動するので、分離していると余計にベタつく感じがします。クレーム・ダマンドをしっかり乳化させることがより重要になります。

基本の作り方（P57〜58）通りに、
しっかり混ぜて作った
クレーム・ダマンド

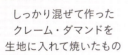

しっかり混ぜて作った
クレーム・ダマンドを
生地に入れて焼いたもの

あまり混ぜないで
作ったクレーム・ダマンド

あまり混ぜないで
作ったクレーム・ダマンドを
生地に入れて焼いたもの

検証②

Vérification No.2

クレーム・ダマンドを作るときに、バターを泡立ててから作ると？

膨らみやすく、バターの風味が弱い

クレーム・ダマンドを作るときには、基本の作り方（P57〜58）通りに、ゆるめたバターにグラニュー糖を加えてゴムベラで混ぜます。
では、バターを泡立て器で泡立ててから作ると、どのような違いが出るのでしょうか。

作り方は、基本の作り方（P54〜59）を元に以下で統一しました。

❶ バターと卵を混ぜるときの温度は、バター、全卵ともに24℃前後。
❷ どちらも一晩冷蔵庫で休ませてから、常温に戻して焼く。22〜23℃。
❸ 粉合わせはゴムベラを使い、回数も合わせる。
❹ 検証につき、ラム酒は入れず、アーモンドスライスはのせない。
❺ サブレ生地は基本の作り方（P56）と同様に作り、1個あたりに21g程度ずつ使用する。
❻ クレーム・ダマンドを生地に、1個あたり30g程度ずつ絞る。

ゆるめたバターで作った基本のクレーム・ダマンド（P57〜58）は、バターとアーモンドの風味のバランスがよく、サブレ生地との一体感があり、あと味がよいです。油脂のベタつきは少ないです。

バターを泡立てて作ったクレーム・ダマンドは、泡立てたバターに全卵を小さじ1程度（6〜7g）ずつ加え、その都度手応えが出るまで泡立て器でしっかり混ぜて乳化させます。

泡立て器でバターが空気を抱き込むので、手応えは軽い仕上がりです。焼き上がりは、表面がよく膨らみますが、粗さと目詰まり感があります。食べたときにはバターの風味が弱い印象。思ったほどの軽さはなく、油脂のベタつきは少ないです。
また分離を恐れて混ぜすぎると、摩擦熱で分離が進むことも考えられます。

クレーム・ダマンドは混ぜるだけというイメージが強いですが、実はとても繊細で作り方によって油分の感じ方がまったく異なることがわかりました。個人的には、泡立て器よりもゴムベラで混ぜる方が、手応えをきちんと感じられるのでおすすめです。泡立て器を使うと空気を抱き込みがちなので、手応えを感じにくいのかもしれません。

基本の作り方（P54〜59）通りに、
ゴムベラで混ぜて作ったもの

バターを泡立てて作ったもの

検証 ③

Vérification No.3

クレーム・ダマンドを、同じ配合のまま材料を加える順番を変えて作ると？

卵を最後に加えると、卵の風味が強くベタッとした仕上がり

基本の作り方（P57〜58）では、「ゆるめたバター→グラニュー糖→全卵→アーモンドパウダー」の順で混ぜますが、順番を変えると、乳化にどのような違いが生じるのか検証してみました。

作り方は、基本の作り方（P54〜59）を元に以下で統一しました。

❶ 一晩冷蔵庫で休ませてから、常温に戻して焼く。22〜23℃。
❷ 検証につき、ラム酒は入れず、アーモンドスライスはのせない。
❸ サブレ生地は基本の作り方（P56）と同様に作り、1個あたりに21g程度ずつ使用する。
❹ クレーム・ダマンドを生地に、1個あたり30g程度ずつ絞る。

順番を変え、卵を最後に加えて混ぜる生地は、以下の通りです。

❶ 「ゆるめたバター→グラニュー糖→アーモンドパウダー→全卵」の順で加え混ぜる。
❷ アーモンドパウダーを加えてから20回程度混ぜ、全卵を小さじ1程度（6〜7g）ずつ加え、その都度ゴムベラで混ぜる。

基本のクレーム・ダマンド（P57〜58）は、バターと全卵を乳化させてからアーモンドパウダーを加えています。

卵を最後に加えて作るクレーム・ダマンドは、全卵よりも先にアーモンドパウダーを加えると、バターと全卵をしっかり乳化させることができません。
仕上がりは、基本よりもゆるくなめらか。食べると、卵の風味が強く、甘さをあまり感じません。あんこのようなやわらかな食感で、クレーム・ダマンドとサブレ生地のかたさの違いが顕著で、バランスがよくありません。これらは、乳化が不十分なことが原因と考えられます。

バターと全卵はしっかり混ぜて乳化させることで、油脂と水分がきちんと混ざり合い、発酵バターの風味が豊かでなめらかなクレームに仕上がります。

乳化には、材料の混ぜ方はもちろん、材料を加える順番も重要であることがこの検証により、わかりました。

基本の作り方（P54〜59）通りの
順番で材料を加え、混ぜて作ったもの

卵を最後に加えて
混ぜて作ったもの

検証 ④

Vérification No.4

水分の多いアパレイユを入れる場合は？

しっかりめの生地と合わせて、バランスよく仕上げる

りんごが入るぶん水分で生地がしっとりしやすくなるため、基本のアーモンドのタルトに比べて、アーモンドパウダーを減らして準強力粉を増やすことで、しっかりめの生地に仕上げています。

生地がかっちりとするので、時間が経っても食感を保つことができ、風味も落ちにくくなります。

りんごとキャラメルの組み合わせは珍しくありませんが、紅玉を使うことで酸味が感じられるようにしている他、カルバドスをやや強めに効かせたり、甘さを控えめにしたりすることで、大人っぽい仕上がりにしています。キャラメルをしっかり色づくまで加熱しているため、ほろ苦さが感じられるのもポイント。

ナパージュにもマリネしたりんごを使うことで、存分にりんごの香りを感じていただけるレシピにしました。

クレーム・ダマンドにはサワークリームで酸味を追加して、キャラメルの甘さとバランスを取っています。

紅玉の季節になったら、ぜひ作っていただきたい一品です。

キャラメルりんごタルト

材料 直径14cm 1台分

◆ サブレ生地
(直径14cmのタルトリング 2台分)

準強力粉 (フランス)………… 115g
アーモンドパウダー…………… 30g
粉糖………………………………… 45g
発酵バター……………………… 60g
全卵………………………………… 20g

◆ クレーム・ダマンド

発酵バター……………………… 35g
微粒子グラニュー糖…………… 35g
全卵………………………………… 30g
アーモンドパウダー…………… 35g
サワークリーム………………… 10g

◆ キャラメルりんごのナパージュ
(作りやすい量)

微粒子グラニュー糖…………… 40g
紅玉………………………… 1個 (8つ割り)
カルバドス……………………… 10g
ナパージュ (加熱加水タイプ)
………………………………………… 適量

point カルバドスは、フランス北部ノルマンディー地方で造られている、りんごを原料とした蒸留酒。

point セット力が強い加熱加水タイプのナパージュを使用。

◆ りんごのマリネ

紅玉………………………… 1個半 (140g)
カルバドス……………………… 15g

サブレ生地の下準備

- アーモンドパウダー、準強力粉、粉糖は合わせてふるい(P28参照)、冷凍庫で1時間程度冷やしておく
- バターは10mm角に切り、冷凍庫で20分程度冷やしておく(P28参照・カチカチになるまで冷やしすぎるのは避ける)

  point バター、または粉を冷やしすぎると、混ぜ合わせたときにバターの粒が最後まで残ったままになるので、バターも粉も冷やしすぎない。

- 全卵は溶きほぐして冷やしておく(P28参照)

クレーム・ダマンドの下準備

- バターは常温でゆるめておく(P28参照)
- 全卵は溶きほぐして常温にしておく(P28参照)
- アーモンドパウダーはふるっておく(P28参照)

67

/ キャラメルりんごタルト /

作り方

[サブレ生地を作る]

1. アーモンドのタルトの作り方❶～❺と同様に生地を作り、円形に伸ばす(P56参照)。

※余った1台分の生地は、しっかりとラップで包み(P56の作り方❸参照)、2週間程度冷凍保存可。使うときは冷蔵庫で解凍する。

[クレーム・ダマンドを作る]

2. アーモンドのタルトの作り方❻～❿と同様に作る(P57～58参照)。ただし、ラム酒の代わりにサワークリームを加えて、ゴムベラで混ぜる。

[キャラメルりんごのナパージュを作る]

3. 鍋にグラニュー糖を入れて中火にかけ、鍋を傾けて回しながら全体を溶かして、しっかり色づいたキャラメルを作る。

4. りんごを加えて炒める。りんごの角が取れた感じになったらカルバドスを加えて火を止める。このとき、中まで火は通っていなくてOK(a)。

5. ざるに上げて、汁(約30g)を取り分ける。ざるで漉して自然と落ちるのを待つ(b)。

6. 5の汁とナパージュ(約20g)を合わせる。

※汁気を切って残ったりんごは、耐熱容器に入れてふんわりとラップをして、500Wの電子レンジで3分加熱する。バニラアイスクリームやヨーグルトに合わせるとおいしい。

[りんごのマリネを作る]

7. りんごは皮をむき、細切りにする。カルバドスと和えておく。

[サブレ生地をタルトリングに敷き込む]

8. 繰り返し使えるオーブンシートに、バター(分量外)を塗ったタルトリングを置き、生地を敷き込む。生地全体を持ち上げて、少ししなる感じのかたさで敷き込みを始める。真ん中を先に着地させてからすぐに生地全体を立ち上げる(型のフチで生地が切れるのを防ぐため)。

9. 生地全体を立ち上げたら、底の角に密着するように生地を折るようにして入れ込む(c)。押しつけると指の跡がついて生地が薄くなることがあるので注意する。

10. 立ち上げていた生地全体を広げてラップをのせ、麺棒を転がして余分な生地を落とす(d)。

11. 側面の生地を密着させ、形を整える(e)。移動できるくらいのかたさになるまで、冷蔵庫で休ませる。シルパン(P11参照)に移動する(シルパンでない場合はピケをする)。

[組み立て]

12. クレーム・ダマンド全量を入れる。

13. りんごのマリネをのせる。細かいりんご(目安は60g)は、クレームの隙間を埋めるように入れる(f)。長く切ったりんご(目安は80g)をのせる(g)。

[焼く]

14. アルミホイルをかけて、160℃のオーブンで20分焼き、天板の向きを変えて15分焼く。焼きが足りないときはアルミホイルを取り除き、さらに10分焼く。

15. 生地が冷めたら、電子レンジで軽く温めたナパージュを刷毛で塗る。

※焼いた当日がおいしい。密閉して、冷蔵庫で2日程度保存可。

Lesson 04

ロールケーキ

Roll cake

いちごのロールケーキ
Strawberry roll cake

卵をしっかり泡立ててしっかり混ぜて作るため、
口当たりも口溶けもよくしっとりとした食感になります。
ポイントはじっくりきちんと泡立てることと、乾燥しないように気をつけること。
キメが細かく、ふんわりとした生地に、なめらかなクリームを合わせ、
いちごの酸味が加わることで、最高のバランスに。
きれいに巻くためのコツもチェックしてください。

材料　1本分

◆ 共立て生地
（底面26.5cm×26.5cmのロールケーキ用天板 1枚分）

全卵	180g
微粒子グラニュー糖	60g
バニラオイル	適量
薄力粉（特宝笠）	50g

◆ デコレーション

生クリーム（乳脂肪分36％）	200g
微粒子グラニュー糖	16g

※8％加糖を基準。生クリームの乳脂肪分が高い場合は10％加糖に変更。

いちご……………………… 2/3〜1パック

下準備

● 薄力粉はふるっておく（P28参照）

● 天板にわら半紙を敷いておく

point 焼いているときには水蒸気を適度に逃がし、保存するときには生地の乾燥を防ぐので、オーブンシートよりもわら半紙が適している。

── …折る
── …切り込み
天板に合わせて切り落とす
わら半紙を2枚準備し、左図を参照して組み合わせて敷く

> 基本の作り方

［共立て生地を作る］

❶
ボウルに入れた全卵を溶きほぐし、グラニュー糖を一度に加えてなじませる。

❷
ハンドミキサー(最初は高速、全体にボリュームが出て筋ができ始めたら低速)で筋が残るまで泡立てる。

point ミキサーを「の」の字を書くように動かすと早く泡立つが、大きな泡ができてキメが粗くなる。一度できた大きな泡はなかなか消えないので、大きな泡を作らないように泡立てる。

❸
バニラオイルを加えて混ぜる。

❹
薄力粉を再度ふるいながら加えて、生地にツヤが出るまで、練らないようにゴムベラでしっかりと混ぜる(目安は100回)。ボウルを回しつつ、「J」の字を書くように真ん中を通って底からすくったものを、ボウルの端を通ってひっくり返すイメージ。

［天板に流す］

❺
天板に流してカードで平らにし、残り生地をのり代わりにし、わら半紙を天板に貼りつける。オーブンの天板にのせる。

point わら半紙がオーブンの風で動かないよう、少量の生地をつけて天板にくっつけるとよい。

72

/ いちごのロールケーキ /

[焼く]

❻

220℃に予熱したオーブンを190℃にして10分焼く。表面をそっと指でさわって弾力があればよい。焼きが足りない場合は天板の向きを変えて2分程度焼く。

❼

生地が冷めたら、わら半紙をつけたまま袋に入れる。さらに上にもわら半紙をかぶせて、袋の口を軽く閉じる。

涼しいところで一晩休ませる。

[クリームを作る]

❽

生クリームを入れたボウルの底を氷水に当てて、グラニュー糖を一度に加えてハンドミキサーで泡立てる。

❾

かために泡立てる(ボウルを傾けても中のクリームが動かないくらい)。
point 巻いたあとに、生地の重さに負けてへたらないように、かために仕上げる。

[組み立て]

❿

生地の端についたわら半紙を剥がし、新しいわら半紙をのせ、生地を裏返す(生地はケーキクーラーに直接触れない)。底面のわら半紙も剥がす。

point 四つの隅から徐々に剥がすと、きれいに剥がれる。
point 底面のわら半紙は捨てずに、このあとの工程も生地に当てて使う。

73

⓫

剥がしたわら半紙を当ててもう一度裏返し、焼き色のついた面を剥がす。

point 薄皮を剥がすことで、食感のよさとフワフワ感が生かせる。

⓬

オーブンシートに⓫をわら半紙ごとのせる。クリームを泡立て器で軽く混ぜて、かたさを調整する(P73の作り方❾参照)。剥がした面にクリームの1/5量をのせて、全体にパレットナイフで塗り広げる。

point 剥がした面の方がしっとりしているので、内側にすることで巻きやすい。

point 巻き終わりになる奥側は、少し薄めにクリームを塗る。

⓭

端から1cmあけて、いちごを1列並べる。

⓮

2/3程度の範囲に、1cm大に切ったいちごを散らす。

/ いちごのロールケーキ /

クリームをいちごの奥側に1列絞る。さらに上にも1列絞る。クリームが残っていたら、いちごの合間に全体的に絞り出す。

手前から奥に向かって、端を少し折り上げて芯を作る。

横から巻くために90度回転させ、左から巻く。

point 手前から奥に巻くのではなく、左右から巻くと作業しやすく、クリームのはみ出しも少ない。

半分ほど巻いたら、迎えるように反対側から巻く。クリームがはみ出さないようにする。わら半紙で巻く。

敷いておいたオーブンシートの端を巻き込み、定規を当てて締める(クリームがはみ出してもOK)。回しながら何度か締めると形が整う。

わら半紙の上から⑲のオーブンシートで巻いて、乾燥しないように、さらにラップで巻き、冷蔵庫で保存する(20〜30分ごとに少し回転させる×3〜4回)。

※作りたてより、水分がなじんだ半日後〜翌日が食べ頃。冷蔵庫で翌日まで保存可。

75

検証①

Vérification No.1

共立て生地で混ぜる回数を減らすと？

ボソボソとした生地になる

お菓子の生地の食感は、混ぜ方によって大きく変わります。

共立て生地は、全卵を泡立てることで、生地がキメ細かに、しっとりした食感に仕上がります。

薄力粉をふるいながら加えたあと、ツヤが出るまで、練らないようにゴムベラでしっかりと混ぜるのがポイント。この粉合わせの回数を減らすと、どのような生地になるのでしょうか。

粉合わせの回数は、基本の作り方(P72)では100回程度混ぜているのに対し、60回、30回に減らして検証しました。

作り方は、基本の作り方(P70～75)で統一しました。

基本(100回程度混ぜる)の生地は、キメ細かでしっとりした食感です。裏もキメ細かく焼き上がります。

「60回」の生地は、ボソボソしていてかたさがあります。翌日以降に少ししっとりしてきます。

「30回」の生地は、ところどころわら半紙から剥れにくく、ベタベタしています。表がボソボソしているだけでなく、裏もボソボソとしています。翌日以降に粉っぽさを強く感じます。

粉合わせの回数が減ると、生地がボソボソとする結果になりました。

焼成することで、抱き込んだ空気(気体)が膨張し(体積が増え)、大きく膨らみます。そのタイミングででんぷんが糊化、タンパク質(卵や小麦粉)が凝固することで生地ができ上がります。

ロールケーキの生地は、ある程度泡立てた生地の泡を殺す程度に、ツヤが出るまでしっかり混ぜます。こうすることで、グルテンを形成して巻きやすくなります。

つまり、基本の100回に対して、60回、30回と減ると、単純に粉が混ざりきっていないこともある上、さらに抱き込んだ空気がたくさん残っていてボソボソした食感になると考えられます。

基本の作り方（P70〜75）通りに、100回程度混ぜて作ったもの

60回程度混ぜて作ったもの

30回程度混ぜて作ったもの

検証 ②

Vérification No.2

別立て生地、別立て絞り生地を作ると？

別立て生地 しっとりした食感、ふかふかとした軽さ

別立て絞り生地 ふわっと軽く、弾力がある

ロールケーキの生地は、一般的に共立て生地、別立て生地、別立て絞り生地の3種類があります。

共立ては、卵を卵黄、卵白に分けずに全卵の状態で泡立てる方法、

別立ては、卵黄と卵白を分け、卵白をしっかりとツノが立った状態のメレンゲにして作る方法、

別立て絞りは、別立て同様に作った生地を、絞り袋で天板に絞る方法です。

共立て生地は、以下の通りです。

❶ 全卵180g、微粒子グラニュー糖70g、薄力粉（バイオレット）50gで、基本の作り方（P72〜73）通りに作る。

❷ 検証のため、バニラオイルは使用しない。

別立て生地は、以下の通りです。

❶ 卵黄60g、微粒子グラニュー糖20g、[卵白120g、微粒子グラニュー糖50g]、薄力粉（バイオレット）50gで作る（P81〜83）。

別立て絞り生地は、以下の通りです。

❶ 卵黄60g、微粒子グラニュー糖20g、[卵白120g、微粒子グラニュー糖50g]、薄力粉（バイオレット）50gで作る（P85〜87）。

❷ 検証のため、バニラオイルは使用しない。

❸ 生地は絞り袋で、天板に絞って焼く。共立て生地、別立て生地では、絞り袋は使用しない。

これらの生地はロールケーキに仕上げることを前提に、検証しました。

共立て生地は、より生地がキメ細かに、しっとりした食感に仕上がります。

別立て生地は、しっとりとした食感がありつつも、ふかふかと軽さがあります。

別立て絞り生地は、ふわっと軽く、弾力のある仕上がりです。別立て生地同様に、メレンゲを立てていますが、泡立ったメレンゲを極力生かす方法で生地を完成させることから、生み出される食感です。

合わせるクリームとの相性やバランスなどで、使い分けることをおすすめします。

基本の作り方（P70〜75）通りに作った、共立て生地

別立て生地

別立て絞り生地

検証 ③

Vérification No.3

別立て生地の食感を生かす
おいしいロールケーキは？

さわやかさと濃厚さが味わえる
マンゴーのロールケーキ

しっとりしつつ軽い別立て生地には、濃厚ながらもさわやかなクリームがよく合うため、生クリームに、クリームチーズとサワークリームを合わせました。マンゴーはマリネすることで、酸味を調節しています。

検証②（P78〜79）では溶かしバターを加えていませんが、クリームとのバランスを考えてコクを出すために加えるのがポイントです。

卵黄生地とメレンゲの合わせ方次第で軽さが変わる別立て生地。マンゴーに合わせるために、やや軽めに仕上げました。

マンゴーのロールケーキ

材料 1本分

◆ 別立て生地
（底面26.5cm×26.5cmの
ロールケーキ用天板1枚分）

卵黄	60g
微粒子グラニュー糖	20g
卵白	120g
微粒子グラニュー糖	50g
発酵バター	40g
薄力粉(特宝笠)	50g

◆ デコレーション

板ゼラチン	1g
生クリーム(乳脂肪分36%)	100g
微粒子グラニュー糖	16g
クリームチーズ	100g
サワークリーム	10g
マンゴーのマリネ(下記参照)	200g

◆ マンゴーのマリネ（作りやすい量）

板ゼラチン(とろみづけ用)	0.5g
A 冷凍パッションピュレ(ラ・フルティエール加糖)	45g
冷凍マンゴーピュレ(ラ・フルティエール加糖)	15g
微粒子グラニュー糖	5g
冷凍マンゴー(角切り)	200g

point 生のマンゴーは甘さなどに個体差があるので、冷凍マンゴーを使う。

板ゼラチンは氷水に浸して戻し、水気をきってから湯せんにかけて溶かす。解凍して合わせたA 1/3量を混ぜ合わせ、残りのAに戻す。冷凍マンゴーを加え、冷凍マンゴーが解凍されるまで常温におく。

生地の下準備

[生地]

● 薄力粉はふるっておく(P28参照)

● 卵白は冷やしておく

● 天板にわら半紙を敷いておく(P71参照)

デコレーションの下準備

● クリームチーズは常温でゆるめておく

作り方

[別立て生地を作る]

1

ボウルに入れた卵黄を溶きほぐし、グラニュー糖20gを一度に加えて混ぜ、白っぽくなるまで泡立て器で泡立てる。
point ハンドミキサーを使ってもよいが、材料が少量のため飛び散るので、泡立て器を使用する。

point ボウルを斜めに置いて泡立て器で円を描くように混ぜる。卵黄が自然に落ちてきてよく混ざる。

このくらい白っぽくなるまで丁寧に泡立てる。

❷

別のボウルに卵白を入れ、氷水に当てながら低速のハンドミキサーで泡立てる。

point 新鮮な卵白、冷たいものを使う。

全体が泡状になったら、グラニュー糖50gの⅓量を加え、低速で泡立てる。残りのグラニュー糖を2回に分けて加え、その都度低速で泡立てる。

point しっかりツノが立つのが目安。モコモコの泡にしない。

❸

別のボウルにバターを入れ、湯せんにかけて溶かしておく。50〜60℃にする。

❹

❶の生地を、❶と同様にボウルを斜めに置いて泡立て器で円を描くように混ぜて泡立てる。

❺

❷のメレンゲ⅔量を❹に加え、軽く混ぜる。

point メレンゲの泡を潰さないようにサッと混ぜる。ここではメレンゲの筋が残っていてもよい。

❻

薄力粉を再度ふるいながら加え、ゴムベラで底からすくうように混ぜる。

ボウルを回しつつ、「J」の字を書くように真ん中を通って底からすくったものを、ボウルの端を通ってひっくり返すイメージ。

point 粉は水分を吸いやすいので手早く混ぜる。そのときにボウルを同時に回すことで全体の混ぜ残しがない。

❼

粉が見えなくなるまで混ぜたら、残りのメレンゲを加えて底からすくうように混ぜる。

❽

❸の溶かしバターに❼の生地の一部（¼〜⅕量）を加える。バターは沈みやすいので底からすくうように混ぜる。

❼のボウルに戻し、底からすくうように混ぜる。

/ マンゴーのロールケーキ /

［天板に流す］

9

天板に流してカードで平らにし、残り生地をのり代わりにし、わら半紙を天板に貼りつける。オーブンの天板にのせる。

［焼く］

10
200℃に予熱したオーブンを180℃にして12分、天板の向きを変えて2分程度焼く。表面をそっと指でさわって弾力があればよい。焼きが足りない場合はさらに向きを変えて2分程度焼く。

11
生地が冷めたら、わら半紙をつけたまま袋に入れる。さらに上にもわら半紙をかぶせて、袋の口を軽く閉じ、涼しいところで一晩休ませる（P73・いちごのロールケーキの作り方 **7** 参照）。

［クリームを作る］

12

板ゼラチンは氷水に浸して戻す。

point 浸しすぎると、板ゼラチンが水分を吸いすぎてしまうことがあるので、注意する。基本は1gの板ゼラチンが6gになったら使いどき。

13

生クリームにグラニュー糖を加え、氷水に当てながら泡立て器で9分立てに泡立てる。

point 泡立ての目安は泡立て器を持ち上げたときに、泡立て器から落ちないかたさ。他の材料を混ぜ合わせるので、ロールケーキの形を保つためにもしっかりかたく立てる。

14

12の板ゼラチンはキッチンペーパーで水気を拭き取ってからボウルに入れ、湯せんにかけて溶かす。クリームチーズの一部（1/4量）を加えて混ぜ、ゴムベラで板ゼラチンとなじませる。クリームチーズのボウルに戻し入れて混ぜ、サワークリームを加えて混ぜる。

15

13のクリームを3回に分けて加えて、その都度泡立て器で混ぜてなじませる。しっかりとかたくなるまで30分以上冷蔵する。

［組み立て］

16

マンゴーのマリネはざるに上げて汁気をきる。

17
11の生地のわら半紙を剥がし、焼き色のついた面を下にしてオーブンシートにのせる。クリームを塗り、**16**のマンゴーをのせて巻き、冷蔵庫で保存する（P73～75・いちごのロールケーキの作り方 **10**、**12**～**20**参照）。底面のわら半紙は使わない）。

※作りたてより、水分がなじんだ半日後～翌日が食べ頃。冷蔵庫で翌日まで保存可。

83

検証 ④

Vérification No.4

別立て絞り生地の食感を生かす おいしいロールケーキは？

⌵

軽さのあるクリームがおいしい コーヒーロールケーキ

粉糖を振ったことでできる表面のややパリッとした食感と、空気を抱き込みしっとりふんわりした中の生地感とが好対照の別立て絞り生地。
生地の軽さに合わせて、クリームも軽い仕上がりにしました。軽いだけでは、全体がぼんやりした印象になりがちなので、クリームはコーヒー風味に。さらにアクセントに濃厚なガナッシュを合わせて味のインパクトを出しています。コーヒーとガナッシュの組み合わせが絶妙な大人の味わいです。

コーヒーロールケーキ

材料 1本分

◆ 別立て絞り生地
（底面29cm×24cmの天板 1枚分）

卵黄	60g
微粒子グラニュー糖	20g
バニラオイル	適量
卵白	110g
微粒子グラニュー糖	60g
薄力粉（バイオレット）	70g
粉糖	適量

◆ コーヒーガナッシュ
（作りやすい量）

クーベルチュール・チョコレート（カカオ分56%）	40g
クーベルチュール・チョコレート（カカオ分40%）	90g
生クリーム（乳脂肪分36%）	90g
トレモリン（転化糖）	10g
インスタントコーヒー	1.5g
バター	35g

point トレモリンはペースト状の砂糖で、ガナッシュの状態を安定させる。

◆ コーヒークリーム

生クリーム（乳脂肪分36%）	200g
コーヒー豆	15g
グラニュー糖	18g
インスタントコーヒー	1.5g
（メーカーにより増減）	

生地の下準備

- 薄力粉はふるっておく（P28参照）
- 卵白は冷やしておく
- 天板にオーブンシートを敷いておく（P71参照）

point 別立て絞り生地は乾燥しすぎると巻けないので、わら半紙ではなく使い捨てのオーブンシートを使う。

コーヒークリームの下準備

- 生クリームに粗く砕いたコーヒー豆を浸して、4時間以上（できれば一晩）冷蔵庫において香りを移す。

point コーヒー豆は砕きすぎると、コーヒー豆が生クリームを吸って全体量が減りすぎてしまう。

作り方

［別立て絞り生地を作る］

point ボウルを斜めに置いて泡立て器で円を描くように混ぜる。卵黄が自然に落ちてきてよく混ざる。

ボウルに入れた卵黄を溶きほぐし、グラニュー糖20gを加え白っぽくなるまで泡立て器ですり混ぜる。バニラオイルを加えて混ぜる。

別のボウルに卵白を入れて、氷水に当てながら、ハンドミキサーで全体が泡状になるまで中速で泡立てる。

全体が泡状になったら、グラニュー糖60gの1/3量を加え、低速で泡立てる。さらに残りのグラニュー糖を2回くらいに分けて加え、その都度低速で泡立てる。

しっかりツノが立ったメレンゲにする。

❸ ❶のボウルに❷のメレンゲの2/3量を加え、軽く10回程度泡立て器で混ぜる。

point 卵黄生地とメレンゲが完全に混ざり合っておらず、マーブル状くらいが混ぜ終わりの目安。

❹ 薄力粉を再度ふるいながら加える。ゴムベラで底から持ち上げるようにして手早く混ぜ合わせる。

point 粉気がなくなるのが目安。

❺ 残りのメレンゲを加え、軽く混ぜる。

［絞り出す］

❻ 12mmの丸口金をつけた絞り袋に入れ、天板に斜めに約17本絞り出す。

point 絞っている途中で生地がダレてきたら、メレンゲの泡立て方がよくなく、泡が弱い可能性が高い。

❼ 粉糖を茶漉しでまんべんなく薄く振る。一度振ってしみ込んだら2回目の粉糖を振る。

point 粉糖を振ることで表面に膜ができ、焼いているときに生地が乾燥しすぎない。

/ コーヒーロールケーキ /

[焼く]

8

180℃のオーブンで10分、天板の向きを変えて2分程度焼く。

9

天板からはずしてケーキクーラーにのせて粗熱を取る。少し冷めたらオーブンシートを剥がす。

point 焼いてからずっと置きっぱなしにすると乾燥して巻けなくなる。また、オーブンシートをつけたままだと、余熱で生地が蒸れてしっとりしてしまう。

[ガナッシュを作る]

10

ガナッシュを作る（P51・全粒粉のガナッシュサンドクッキーの作り方**1**〜**3**参照）。ただし、15cm四方のキャドルを使って冷凍し、5mm角に切り、再度30分程度冷凍する。

[コーヒークリームを作る]

11

生クリームに浸しておいたコーヒー豆を茶漉しで漉して200g取り、グラニュー糖を加える（200g取れない場合は、グラニュー糖が9％になるよう量を調整する）。インスタントコーヒーも加えて、氷水に当てながらしっかり泡立てる。

[組み立て]

12

新しいオーブンシートに、**9**の生地を裏返してのせる（粉糖を振った面が下になる）。

13

11のコーヒークリームを塗る（いちごのロールケーキ・P74の作り方**12**参照）。

14

10のガナッシュの約半量を使用する。端から1cmあけて、ガナッシュを1列に並べる。2/3程度の範囲にガナッシュを散らす（P74〜75・いちごのロールケーキの作り方**13**〜**15**参照）。

15

ロールケーキを巻き、冷蔵庫で保存する（P75・いちごのロールケーキの作り方**16**〜**20**参照。ラップでは包まない）。

※作りたてより、水分がなじんだ半日後〜翌日が食べ頃。冷蔵庫で翌日まで保存可。

87

ハンドミキサーの個性

素早く、思い通りに泡立てることができる便利なハンドミキサー。
メーカーや商品によって違いがあり、
自分が使っているもの、買おうとしているものの個性を知ることが大切です。

羽の形やモーターの強さなどによって泡立ち具合が違うので、目的や好みに合うものを選ぶとよいでしょう。

購入するときに気にしてほしいポイントは、羽の形とワット数。

羽の形がまっすぐなものよりも、数本が交差しているようなタイプの方が材料が絡み、泡立ちが早くなります。また、先端が細いと、少量の場合に材料が絡まず、泡立ちが遅いという印象も。

羽の形状が同じもので比べた場合、ワット数が高いものや、連続使用可能時間が長いものにはパワーがあるので、その分泡立ちやすいといえます。

ただ、長く使っているものや使う回数が多いものはモーターに負荷がかかり、パワーが落ちてきている可能性があるため、同じ機種でも違いが出ることもあります。

同じような仕上がりを目指しても、メーカーや機種、使用期間や頻度など、さまざまな条件によって、泡立ての速度や時間に違いが出ます。

同じ状態に泡立てるのに、Aという機種では低速で10分なのに対し、Bでは低速で7分、パワーがありすぎて最後は手立てで1分、Cは低速で13分、といった検証結果も得られました。

以上のようなことから、本書ではハンドミキサーを使う際の泡立ての所要時間は記載していません。使っているハンドミキサーの性質を考慮して、混ぜ終わりの目安を参考にしながら調整するようにしてください。

【 砂糖60g、卵120g／それぞれ一番高速のモードにして、6分半混ぜたときの比較 】

Lesson 05

バターケーキ
（共立てのパウンドケーキ）

Butter cake

バターケーキ
(共立てのパウンドケーキ)

Butter cake

前著の『たけだかおる洋菓子研究室のマニアックレッスン』にも掲載している
バターケーキ。前著では、泡立てずに作るバターケーキを紹介しました。
本書では、一般的な泡立てて作る方法を用いています。
しっとりとした舌ざわりを生み出すためには、
卵を少量ずつ加えて、丁寧に混ぜることがとても大切。
バターと卵を混ぜるときはハンドミキサーで空気をたっぷり含ませ、
薄力粉を入れてからはゴムベラで、練らずにきちんと混ぜることもポイントです。

材料

12cm×6cm×高さ6.5cmのパウンド型 1台分

発酵バター	60g
微粒子グラニュー糖	55g
全卵	60g
薄力粉(バイオレット)	60g

下準備

- バターは常温でゆるめておく(P28参照)
- 全卵は溶きほぐして常温にしておく(P28参照)
- 薄力粉はふるっておく(P28参照)
- 強力粉5g(分量外)とバター10g(分量外)を混ぜ、型に刷毛で塗り、冷やしておく

point 発酵バターは香りが変わりやすいので、型に塗るのは発酵ではない食塩不使用タイプを使用する。

point 型によって、バターのみのほうが生地をはずしやすい場合もある。

基本の作り方

［材料を混ぜる］

ボウルに入れたバターを、低速のハンドミキサーで白っぽくなるまで泡立てる。

グラニュー糖を一度に加えて低速でなじませる。

低速でさらに泡立てる。ハンドミキサーの位置は固定して、ボウルを回しつつ混ぜる。

このように、ハンドミキサーを持ち上げて羽根についた生地が落ちないのがよい状態。

全卵を8〜9回に分けて加え、その都度低速で混ぜる。

point 手応えを感じるところまで混ぜたら、次の卵を加える。これ以上に少しずつ混ぜると、空気を抱き込みすぎてしまい生地が腰折れするので注意。

/ バターケーキ（共立てのパウンドケーキ）/

❺

薄力粉を再度ふるいながら加えて混ぜる。生地を切るようにゴムベラで混ぜる。
point 粉類はふるいながら加えると、分散しやすい。

底から持ち上げるようにして、粉気がなくなるまで混ぜる。
point 最初に切り混ぜてバターや卵の水分を分散させることで、粉が飛びにくくなる。

[型に入れる]

❻

型に❺の生地をゴムベラで入れる。
point 絞り袋を使うと手の熱が伝わるので、使用していないが、量が多いときなどは使用すると作業効率がよい。

スプーンなどで表面を平らにならし、型ごと高さ10cm程度から落とし、生地を隙間なく入れる。

[焼く]

❼

160℃のオーブンで20分、天板の向きを変えて10分焼く。
焼き上がったら粗熱を取り、型からはずす。

※ラップで包んで密閉して、涼しいところで保存する。油が酸化してバターの風味が変わるので、2〜3日以内に食べきる。

93

検証①

Vérification No.1

あまり混ぜずに手応えを感じない（強い乳化を目指さない）で作ると？

油脂の感じ方、しっとり感、軽さが違う

「乳化」を意識して作ることが大切なバターケーキで、あまり混ぜずに手応えを感じない（強い乳化を目指さない）で作ると、どのような仕上がりになってしまうのでしょうか。

作り方は、基本の作り方（P90〜93）を元に以下で統一しました。

❶ バターを常温でゆるめておく（温度25〜26℃前後）。
❷ 全卵を加える回数を8〜9回に合わせる。混ぜた生地の温度は21℃前後。

基本の作り方では、バターにグラニュー糖を加えて白っぽく泡立て、全卵を8〜9回に分けて加え、その都度、手応えを感じるまで混ぜ、乳化させています。乳化しているため、バターの香りのよい、しっとりとした生地に仕上がります。

乳化していない生地は、手応えを感じるまで混ぜずに、全卵を加えて混ぜる、を繰り返します。乳化していないため、油っぽく、重さのある仕上がりです。

バターケーキにおいて、乳化させることは大切ですが、分離することを恐れて全卵を必要以上に少量ずつ加えると、混ぜるときに空気を抱き込みすぎて腰折れする可能性が出てきます。また、必要以上に混ぜすぎると、乳化を超えて分離してしまうこともあります。

分離しているかどうかは、「分離している生地はボウルやゴムベラから滑り落ちる」「混ぜたはずの卵液がまた浮き出してくる」などの、生地の状態で見極めます。手応えを感じるまで混ぜたら、全卵を加えてしっかり乳化させます。

基本の作り方（P90〜93）通りに、　　　　　あまり混ぜないで作ったもの
しっかり混ぜて作ったもの

検証 ②

Vérification No.2

共立て生地で作る
おいしいパウンドケーキは？

軽く仕上げた共立て生地に
重厚なマロンを合わせる

共立て生地は、重いマロンペーストとの相性がよいです。マロンとのバランスを考え、生地のバターを泡立てて空気を抱き込み、生地感に軽さを出し、バターの風味もやわらかい焼き上がりに。さらに、膨張剤のベーキングパウダーを準強力粉と一緒に加えて軽さを出しています。
ラム酒は風味のよいダブルアロームを使っているのもポイントです。

マロンのケーク

材料

23cm×5cm×高さ6cmのパウンド型 1台分

パート・ド・マロン (マロンペースト) …………	120g
ラム酒 (ダブルアローム) …………………………	10g
発酵バター ………………………………………	70g
微粒子グラニュー糖 ……………………………	50g
卵黄………………………………………………	30g
全卵 ……………………………………………	25g
ラム酒漬けマロン (下記参照) …………	下記全量
準強力粉 (フランス) ……………………………	50g
ベーキングパウダー ……………………………	0.5g
バニラオイル……………………………………	適量

point ラム酒はネグリタのダブルアロームがおすすめ。香り高く、アルコール度数も高いため、焼き菓子の香りづけに向いている。

point 卵黄を加えると、全卵だけの生地より少しコクや重さが出て、マロンに負けない生地になる。

◆ **ラム酒漬けマロン**

シロップ漬けマロン (ブロークンタイプ)	
…………………………………………………	55g
ラム酒 ……………………………………………	10g

シロップ漬けマロンは湯 (60 ～ 70℃) でサッと洗い、水気を拭く。5mm角に砕き、ラム酒に漬け、1時間以上おく。

下準備

● バターは常温でゆるめておく(P28参照)

● 卵黄、全卵はそれぞれ溶きほぐして常温にしておく(P28参照)

● 準強力粉、ベーキングパウダーは合わせてふるっておく(P28参照)

● 型にオーブンシートを敷いておく

　point 型が細長いので、取り出しやすいようにオーブンシートを使用している。P91のように、強力粉5g(分量外)とバター10g(分量外)を混ぜ、型に刷毛で塗ってもよい。

作り方

1 スタンドミキサーにパート・ド・マロンを入れて混ぜ、ダマのない状態にする。ラム酒を加えて混ぜる。
 ＊スタンドミキサーがない場合は、ハンドミキサーを使用する。

2 バターを一度に加えて軽く泡立てる。

3 グラニュー糖を2〜3回に分けて加え、その都度軽く泡立てる。

4 卵黄を2回くらいに分けて加え、軽く泡立てる。全卵も3〜4回に分けて加え、その都度丁寧に混ぜる。

5 ラム酒漬けマロンを一度に加え、混ぜる。バニラオイルを加えて混ぜる。

6 粉類を再度ふるい入れ、ゴムベラですくうように丁寧に混ぜる。

7 口金をつけていない絞り袋に入れて、型に絞り入れ、表面を平らにならす。

8 160℃のオーブンで25分、天板の向きを変えて10分焼く。

※ラップで包んで密閉して、涼しいところで保存する。味がなじんだ翌日以降が食べ頃。3〜4日以内に食べきる。

検証 ③

Vérification No.3

共立て生地と別立て生地を比べてみると？

共立て生地 しっとり感、軽さもある

別立て生地 軽さ強く、ややパサつく

スポンジ生地などでよく耳にする「共立て生地」と、「別立て生地」。

共立ては、卵を卵黄、卵白に分けずに作る方法、別立ては、卵黄と卵白を分け、卵白を泡立てて作る方法です。バターケーキもどちらの手法でも作れますが、どのような違いがあるのでしょうか。

作り方は、基本の作り方（P90〜93）を元に以下で統一しました。

❶ バターを常温でゆるめておく（温度24℃前後）。
❷ 粉を合わせて混ぜる回数をそろえる。

共立て生地は、基本の作り方（P90〜93）通りに作りました。

別立て生地は、以下の通りです。

● 発酵バター60g、微粒子グラニュー糖30g、卵黄20g、[卵白40g、微粒子グラニュー糖25g]、薄力粉（バイオレット）60gで作る（P102〜104）。

共立て生地は、しっとりした食感で、卵の風味が感じられます。

別立て生地は軽さが特徴。しっとりとしつつ、パサつきやエアリー感もあります。

共立て生地は、ペーストなどの重いものを混ぜ込むときには向いています。また、本書では基本、検証ともに共立て生地はバターを泡立てていますが、泡立てずに作ることもできます。泡立てると、生地は膨らみ、軽く仕上がります。

別立て生地は、共立て生地のように卵と油脂の乳化を気にする必要がないので、比較的気軽に作れます。卵白を立てるため、共立て生地以上に、より軽い仕上がりに。軽さが強いぶん、パサつきもあるので、生地にシロップを打つとよいでしょう。

共立て、別立てともに、しっとり感を増したいときは、クッキーなどと同様に、薄力粉にアーモンドパウダーを入れる方法があります。ただし、アーモンドパウダーが多すぎると膨らみが悪くなります。

ベーキングパウダー、重曹などの膨張剤を加えると、膨らみますが、卵の風味がやや弱まり、膨張剤特有の風味を感じる場合もあります（P40〜41参照）。

希望の仕上がりや混ぜ込む具をふまえて、生地の手法を選んでください。

基本の作り方（P90〜93）通りに、　　　　　　　　　別立て生地
作った共立て生地

99

検証 ④

Vérification No.4

別立て生地で作るおいしいパウンドケーキは？

軽めな別立て生地にアーモンドパウダーを加えてしっとり仕上げるレモンのケーク

別立て生地は共立てよりもパサつきがち。そこで、アーモンドパウダーを入れてしっとりさせる他、シロップを打っています。
卵黄に全卵を合わせることで、生地がやや軽い仕上がりに。
シロップを味わうために、パウンドケーキ型ではなく、ドーナツ型を使用しています。
パウンドケーキ型で焼きたいときは、アーモンドパウダーを減らして粉を増やしたり、ベーキングパウダーを入れたりするとよいでしょう。

レモンのケーク

材料

直径70mm×高さ20mmのドーナツ型 6個分

◆ 別立て生地

発酵バター	75g
粉糖	55g
A　全卵	25g
卵黄	30g
アーモンドパウダー	35g
準強力粉（フランス）	40g
B　レモンの皮	1個分
レモン果汁	12g
レモンコンフィ	25g
卵白	45g
微粒子グラニュー糖	20g

◆ シロップ

微粒子グラニュー糖	20g
水	40g
レモン果汁	35g
レモンチェッロ（なければレモン果汁）	5g

下準備

- バターは常温でゆるめておく（P28参照）
- Aの全卵と卵黄を合わせて溶きほぐし、常温にしておく（P28参照）
- アーモンドパウダー、準強力粉はそれぞれふるっておく（P28参照）
- レモンは塩で表面を揉んで洗い、キッチンペーパーで水気を拭き取る。このレモンの皮をゼスターで削り、Bの他の材料と合わせておく
- 型にバター（分量外）を塗っておく

point 発酵バターは香りが変わりやすいので、型に塗るのは発酵ではない食塩不使用タイプを使用する。

作り方

[生地を作る]

1. ボウルに入れたバターに粉糖を加え、泡立て器で泡立てる。

    point バターを泡立てすぎない。

2. Aを4～5回に分けて加え、その都度混ぜる。

3. アーモンドパウダーを再度ふるいながら加え、混ぜる。

    point アーモンドパウダーはグルテン（P14参照）が出ないので先に混ぜる。

4. 別のボウルに卵白を入れて、低速のハンドミキサーで全体が泡状になるまで泡立てる。グラニュー糖の¼量を加え、低速で泡立てる。さらに残りのグラニュー糖を3回くらいに分けて加え、その都度低速で泡立てる。

5. 3のバター生地をゆるめておき、4のメレンゲの⅔量を加え、泡立て器で軽く混ぜる。ふるいながら準強力粉を加えてゴムベラで混ぜる。

    point バター生地が冷たく締まっているとメレンゲが混ざりにくいので注意する。

    point 粉類はふるいながら加えると、分散しやすい。

6. Bを加え、混ぜる。

7. 残りのメレンゲを泡立て直してから6に加え、底からすくうように混ぜ合わせる。

    point メレンゲの泡を潰さないように混ぜる。

8. 7の生地を直径10～12mmの口金をつけた絞り袋に入れて、型に絞り入れる（1個あたりの生地量は56～57g）。

9. 160℃のオーブンで15分、天板の向きを変えて10分焼く。焼き色がついていなければ、さらに向きを変えて5分程度焼く。焼き上がったら型からはずす。

[シロップを作る]

10. 耐熱性ボウルにグラニュー糖と水を合わせて、湯気が出るまで500Wの電子レンジで40～50秒加熱する。冷めてからレモン果汁、レモンチェッロを加える。

[組み立て]

11. 9の生地の粗熱が少し取れたら、生地を持って10のシロップに片面を浸し（**a**）、バットに並べる（**b**）。シロップは1個あたり12g程度。シロップは余る。

    point 生地をシロップに軽く浸けることで、まんべんなくしみ込ませることができる。

※ラップで包んで密閉して、涼しいところで保存する。味がなじんだ翌日以降が食べ頃。2日以内に食べきる。

バターケーキ（別立てのパウンドケーキ）

本書では、バターケーキは共立てで作ることを基本としましたが、別立てで作る方法も一般的。
検証③（P98〜99）では共立て（基本）と別立ての比較を、
検証④（P100〜101）では別立て生地のおいしいレシピを掲載しています。
ここでは、基本的な別立てのバターケーキの詳しい作り方を解説します。

材料

12cm×6cm×高さ6.5cmのパウンド型 1台分

発酵バター	60g
微粒子グラニュー糖	30g
卵黄	20g
卵白	40g
微粒子グラニュー糖	25g
薄力粉（バイオレット）	60g

下準備

- バターは常温でゆるめておく（P28参照）
- 卵白は冷やしておく
- 薄力粉はふるっておく（P28参照）
- 強力粉5g（分量外）とバター10g（分量外）を混ぜ、型に刷毛で塗り、冷やしておく（P91参照）

  point 型によって、バターのみのほうが生地をはずしやすい場合もある。

- 卵黄は使う少し前に冷蔵庫から出しておく

  point 傷みやすいので、長時間常温に出しておくのは避ける。

/ バターケーキ（別立てのパウンドケーキ）/

作り方

[生地を作る]

❶

ボウルに入れたバターにグラニュー糖30gを一度に加え、白っぽくなるまで泡立て器ですり混ぜる。

❷

卵黄を加え、混ぜる。

このくらい、砂糖のザラザラが見えなくなり、白っぽくなるのが目安。引きが強いくらいに混ざればよい。

❸

別のボウルに卵白を入れ、低速のハンドミキサーで泡立てる。
point 新鮮な卵白、冷たいものを使う。

全体が泡状になったら、グラニュー糖25gの1/3量を加え、低速で泡立てる。さらに残りのグラニュー糖の半量を加え、低速で泡立てる。

❹

残りのグラニュー糖を加え、低速で泡立てる。このくらいツノが立つのが目安。

103

/ バターケーキ（別立てのパウンドケーキ）/

❺

❷の生地に、❹のメレンゲの2/3量を加えて泡立て器で混ぜる。

[point] ❷の生地の温度に注意する。生地が冷たすぎると卵白を混ぜ込みにくい。

メレンゲが見えなくなったら、混ぜ終わり。

[point] 混ぜすぎも、混ぜ足りないのもNG。

❻

薄力粉を再度ふるいながら加えて、ゴムベラで縦に切り、底から持ち上げるようにして粉気がなくなるまで丁寧に混ぜ合わせる。

❼

残りのメレンゲをツノが立つまで泡立て器でぐるぐる混ぜてから、❻に加えて混ぜる。

メレンゲが見えなくなるまで混ぜる。

[point] メレンゲの泡を潰さないように混ぜる。

［型に入れる］

❽

型に❼の生地をゴムベラで入れる。スプーンなどで表面を平らにならし、型ごと高さ10cm程度から落とし、生地を隙間なく入れる（P93・共立てのパウンドケーキの作り方❻参照）。

[point] 絞り袋を使うと手の熱が伝わるので、使用していないが、量が多いときなどは使用すると作業効率がよい。

［焼く］

❾

160℃のオーブンで20分、天板の向きを変えて10分焼く。焼き上がったら粗熱を取り、型からはずす。

※ラップで包んで密閉して、涼しいところで保存する。油が酸化してバターの風味が変わるので、2〜3日以内に食べきる。

104

Lesson 06

マドレーヌ

Madeleine

マドレーヌ

Madeleine

はちみつを使うことで、しっとりと仕上げています。
一晩休ませてから焼きますが、
こうすることで生地全体がなじんで、よりしっとりとした口当たりに。
レモンの酸味がきいて、さわやかなあと味が楽しめます。
焼きたてならではの、外がカリッと、中はふんわりとした
食感のコントラストを楽しめるのは自分で作るからこそ。

材料

63mm×63mmくらいのシェル型 9個分

全卵	60g
はちみつ	10g
微粒子グラニュー糖	50g
準強力粉（フランス）	60g
ベーキングパウダー	3g
発酵バター	70g
レモン果汁	20g
レモンの皮	1個分 (1g)

point グラニュー糖は上白糖でも可。しっとりする要素がある。ただし、グラニュー糖より甘く感じ、色がつきやすい。

point はちみつはしっとりさせるために使う。焼き色がつきやすい。

下準備

- 準強力粉、ベーキングパウダーは合わせてふるっておく（P28参照）
- レモンは塩で表面を揉んで洗い、キッチンペーパーで水気を拭き取っておく
- 型にバター（分量外）を塗っておく

point 発酵バターは香りが変わりやすいので、型に塗るのは発酵ではない食塩不使用タイプを使用する。

基本の作り方

［材料を混ぜる］

 1

ボウルに全卵を入れ、はちみつ、グラニュー糖を一度に加えて泡立て器で混ぜ、よくなじませる。

 2

粉類を再度ふるいながら加え、混ぜる。泡立て器で「の」の字をだんだん大きく書いていくようにして、分散させて混ぜる。

point 液体に加えるので粉のかたまりができやすい。内側から混ぜて、徐々にボウルにくっついている外側の粉を取り込んでいくようにする。

 3

別のボウルにバターを入れ、湯せんで溶かしておく。約60℃にする。

4

レモン果汁を加えて混ぜ、レモンの皮をゼスターで削り入れ、混ぜる。

/ マドレーヌ /

5

❸のバターを❹に加えて、「の」の字をだんだん大きく書いていくように混ぜる。

少しツヤがあり、一体感があるのが目安。

point ❹の生地とバターの比重が異なるので混ざりにくい。バターは、「の」の字混ぜのあと、ワイヤーとワイヤーの間を通してすくうように絡ませつつ、ボウルを回しながら混ぜる。

［生地を休ませる］

6

ラップをして、冷蔵庫で30分〜1時間（できれば一晩）休ませる。

point 休ませる時間が短いと、生地が締まっておらず、型に入りきらないことがある。

［型に入れる］

7

休ませておいた生地を混ぜて均一にし、はかりにのせた型に流し込む。

point 1個あたり29gほどずつ、全部の型に入れる（P120参照）。量りながら入れると均等な大きさになる。

［焼く］

8

160℃のオーブンで12分程度、天板の向きを変えて3分焼く。

［冷ます］

9

型からはずしやすくするために、型ごと、高さ10cm程度から落とす。すぐに型から出し、ケーキクーラーにのせる。

※焼く前の生地は前日に仕込んで冷蔵庫で保存できる。それ以上おくと状態が変わるので翌日には焼く。

※焼いたあとは、翌日にはかなりしっとりしてくる。密閉容器に入れ、涼しいところで保存する。油が酸化してバターの風味が変わるので、3〜4日以内には食べきる。傷まないが、風味は徐々に落ちる。

検証 ①

Vérification No.1

生地を休ませずにすぐ焼いた場合と、生地を2日休ませて焼いた場合の仕上がりの違いは？

生地のなじみ具合が違う

マドレーヌといえば、生地を一晩休ませて焼くレシピが多く見られます。

一晩休ませて焼いた場合、休ませずにすぐ焼いた場合、2日休ませて焼いた場合に、仕上がりにどのような違いが出るのか比べてみました。

作り方は、基本の作り方（P106〜109）を元に以下で統一しました。

● 検証につき、レモンの皮は入れない。レモン果汁は同じ味になるよう、ビン入りのものを使用。

生地を休ませずにすぐ焼くと、基本の作り方通りに作ったものより、食感が軽いです。焼き上がりの断面を見ても明らかにモソモソとしているのがわかります。

2日休ませて焼くと、基本よりキメが細かく、しっとりとした食感です。レモンの風味がやや薄い印象です。

マドレーヌの生地は、休ませることで生地が締まり、生地全体がなじみます。長く休ませると、よりしっとりとしますが、レモンの風味が弱くなってしまうので、一晩程度が、休ませるのに適した時間といえます。

とはいえ、マドレーヌは本来、家庭で気軽に作ることのできるお菓子です。好みの食感、風味によって、生地を休ませるかどうか、また休ませる時間を決めるとよいでしょう。

基本の作り方(P106〜109)通りに、一晩休ませて焼いたもの

休ませずにすぐ焼いたもの

2日休ませて焼いたもの

検証②

Vérification No.2

焼くときの生地の温度の違いによる仕上がりは？

⌄

常温に戻すと、フチがややかたく、サクッとした食感に。

一晩休ませた生地をすぐに焼く場合（冷たい生地）と、一晩休ませた生地を常温に戻してから焼いた場合（常温の生地）。つまり、焼くときの生地の温度は、焼き上がりにどのような影響があるのでしょうか。検証してみました。

作り方は、基本の作り方（P106〜109）を元に以下で統一しました。
● **検証につき、レモンの皮は入れない。レモン果汁は同じ味になるよう、ビン入りのものを使用。**

常温に戻してから焼くと、基本の作り方通りに作った冷たい生地より、サクッとした食感が楽しめます。フチがややかたいという特徴もあります。

常温なので、火通りがよいことが考えられます。「検証①の休ませずにすぐ焼いたもの（P110〜111）」に見た目は似ていますが、常温に戻した生地のほうが材料がなじんでしっとりしています。断面を見ると、膨らみも控えめです。

冷たい生地のほうが、コブが出やすい傾向にあります。これは、フチから焼きかたまる際に、冷たい生地と常温の生地とでは、熱伝導に違いがあり、常温の生地がより早く焼きかたまり始めると考えられます。

生地を休ませるか、休ませたあと常温に戻すか、食感の好みで選ぶとよいでしょう。

基本の作り方(P106～109)通りに、
一晩休ませて、冷たいまま焼いたもの

一晩休ませて常温に戻してから焼いたもの

検証③

Vérification No.3

粉を最後に入れると？

レモンの風味が強い、しっとりした生地に

グルテンの形成に影響がある油脂。
基本の作り方（P106〜109）では、
「全卵→はちみつ→グラニュー糖→粉類→レモン果汁→溶かしバター」
と最後に加えますが、順番を変えると、どのような違いが生じるのか検証してみました。

作り方は、基本の作り方（P106〜109）を元に以下で統一しました。

❶ 生地を一晩冷蔵庫で休ませてから、冷たいまま焼く。
❷ 検証につき、レモンの皮は入れない。レモン果汁は同じ味になるよう、ビン入りのものを使用。

順番を変え、粉類を最後に加えて混ぜる生地は、以下の通りです。

● 「全卵→はちみつ→グラニュー糖→レモン果汁→溶かしバター→粉類」の順で加え混ぜる。

生地のかたさや食感には、さほど違いがありませんが、レモンを感じる度合いははっきりと異なります。粉類を最後に混ぜるほうが、レモンの風味が強いのが顕著です。

油脂が入るとグルテンが形成されにくいともいわれているため、先に油脂が入る場合（粉類を最後に加えて混ぜる生地）は、グルテンをあまり形成することなく混ぜることができると推測されます（P14参照）。

マドレーヌは、加える順によって、レモンを感じる度合いに違いが出ます。どのような仕上がりにしたいのか、材料を加える順番を決めるとよいでしょう。

基本の作り方（P106〜109）通りに、焼いたもの

粉類を最後に加えて焼いたもの

検証 ④

Vérification No.4

溶かしたバターで作る場合と、ゆるめたバターで作る場合の違いは？

バターケーキのように、軽い食感に仕上がる

溶かしバターで作るのが一般的なマドレーヌ。これはなぜでしょうか。

ゆるめたバターで作ると、どのように異なるのか、検証してみました。

作り方は、基本の作り方（P106〜109）を元にし、条件は以下の通りです。

● 検証につき、レモンの皮は入れない。レモン果汁は同じ味になるよう、ビン入りのものを使用。

溶かしバターを使う基本のレシピでは、「全卵→はちみつ→グラニュー糖→粉類→レモン果汁→溶かしバター」の順で混ぜて作ります。

溶かしバターは最後に加えてもよく混ざりますが、ゆるめたバターを最後に加えても混ざりません。

そこで、「ゆるめたバター→はちみつ→グラニュー糖→全卵→レモン果汁→粉類」の順に変え、ゴムベラで混ぜました。

ゆるめたバターで作ると、バターケーキ（パウンドケーキ）のような軽い食感に仕上がります。これは、それもそのはず。ほぼ、バターケーキ（前書『たけだかおる洋菓子研究室のマニアックレッスン』P48）と同じ作り方だからです。食感の違いは、溶かしバター、ゆるめたバターというバターの状態の違いによる影響が大きいと考えられます。基本と比べると、しっとり感はやや弱い印象です。

溶かしバターを使うことで、マドレーヌらしい食感、風味が出ます。

食感、風味、口の中に最後に残る味の余韻などを含め、どのようなマドレーヌに仕上げたいのか、をよく考えて、作り方を使い分けましょう。

基本の作り方（P106〜109）通りに、溶かしバターで作った生地

溶かしバターで作ったもの

ゆるめたバターで作った生地

ゆるめたバターで作ったもの

検証⑤

Vérification No.5

電気オーブンで焼くと？
∨
やや粉っぽさが残り、
焼き色がつきにくい

私が使っているコンベクションオーブンとは、コンベクション（対流）を利用したもの。ヒーターで温度を上げ、庫内にファンなどで風を起こして空気を対流させることで、熱風を起こします。熱風が対流することで、食品を包み込むように焼き上げます。コンベクションオーブンは熱と熱風の２段階で加熱するのが特徴。

その熱源は、ガス、電気のどちらもあります。では、コンベクションタイプのガスオーブンと電気オーブンでは、どのような違いが出るのでしょうか。同じ生地で焼き比べてみました。

作り方は、基本の作り方（P106〜109）を元に以下で統一しました。

● **検証につき、レモンの皮は入れない。レモン果汁は同じ味になるよう、ビン入りのものを使用。**

基本の作り方で作った生地を、焼き上がりの見た目が同じくらいになるまで、ガスオーブン（コンベクションタイプ）と電気オーブン（コンベクションタイプ）で焼きました。温度と時間は下記の通りです。

● **ガスオーブンで、160℃で12分、向きを変えて3分焼く。**

● **電気オーブンで、180℃で12分、向きを変えて3分、再び向きを変えて3分焼く。**

電気オーブンで焼くと、コブがなだらかで、焼き色があまりつかず、焼きムラが見られます。また、粉っぽさが残り、バターの風味が弱くなりました。

ガスオーブンの方が火力は断然強いので、パリッとした食感に焼くのが得意。電気オーブンより乾燥気味に焼けます。また、熱の立ち上がりが早く、予熱時間も短くてすみます。

電気オーブンの方が火力は弱く、ややしっとり焼けるという利点があります。あまり水分を飛ばしたくない薄いジョコンド生地などには、電気オーブンが適しています。一方、予熱に時間がかかる上、扉をあけると庫内温度が下がりやすいという特徴もあります。

一般的に、電気オーブンはガスオーブンより20〜30℃高く焼いた方がよい、とよく耳にします。ただし、庫内サイズが小さいために、熱源と焼くものとの距離が近くなる機種などでは、例外になることもあります。

オーブンには特性がありますが、さらに個体差もあります。仮に同じ機種のオーブンでも、使用する頻度や使い始めてからの経過時間などによっても、焼き上がりに差が出ます。まず、自分の使っているオーブンの焼き加減をきちんと把握することが大切です。

基本の作り方（P106〜109）通りに作り、
ガスオーブンで焼いたもの

電気オーブンで焼いたもの

型で変わる焼き上がり

最近では金属のもの以外に、シリコン製のものも人気です。
実際にマドレーヌを焼いて、違いを見てみましょう。
すべて同じ生地を、基本と同じ温度と時間で焼いてみました。

材質によって大きく変わる

　金属製のものは熱伝導がよく、焼き色がきれいにつきます。シリコン製のものは焼き色があまりつきにくい結果に。やわらかくてしなるので、焼いたお菓子を取り出しやすい特徴があります。本書でも下準備について各レシピに記載していますが、お使いの型に合わせて変更する必要があります。素材によって油脂を塗ったり、粉を振ったりする必要があるのか確認しましょう。使っているうちに加工が剥がれて、くっついてしまうようになることもあるので要注意。

　また、生地がこびりついたものはお湯で洗うか、熱いうちにキッチンペーパーで拭き取るようにしましょう。

　マドレーヌ型など同時に複数焼けるタイプのものは、生地を入れないでから焼きをすると加工が劣化してしまうので、全部の型に生地を入れて焼くようにしてください。

写真奥：アルミニウムに
フッ素樹脂コート
中央：スチールにシリコン加工
手前右：シリコン製

型の厚さもポイント

　同じサイズで、厚みだけが違う型で比較しました。薄い金属のマドレーヌ型は火の通りが早く焼き色がつきやすいので、レシピ通りの焼成時間ではなく、焼き上がりを少し早めにチェックする必要があります。電気オーブンで火力が弱いものには合う可能性も。分厚い天板があれば、それを使うことで熱伝導をやわらかくすることができます。

シリコン製で
焼いたもの

スチール製で
焼いたもの
（基本の作り方・P106〜109）

薄い金属型で
焼いたもの

サイズが違えばレシピも変わる

　マドレーヌ型といっても、種類はさまざま。サイズが違うと、焼成時の水分の飛び方が違うので、大きな型から小さな型に変更をする場合ではレシピを考え直す必要があります。

Lesson **07**

ガトー・ショコラ

Gâteau au chocolat

ガトー・ショコラ

Gâteau au chocolat

チョコレートの風味は濃厚ながら、重すぎません。
チョコレートと生クリーム、バターをきちんと乳化させることで、
とてもなめらかで、キメ細かく、しっとりとした生地に。
メレンゲはかたく立てすぎないことで、形よく仕上げています。

材料

直径15cm×高さ5cmのデコ型 1台分

- 卵黄 …………………… 55g
- 微粒子グラニュー糖 …… 50g
- チョコレート (カカオ分55%) …………………… 75g
- 発酵バター …………… 55g
- 生クリーム (乳脂肪分36%) … 55g
- [卵白 …………………… 100g
-   微粒子グラニュー糖 … 50g]
- 薄力粉 (バイオレット) …… 20g
- ココア (無糖) …………… 45g

point ココアは商品によって焼き上がりの色に違いが出る。

下準備

- ココアは茶漉しでふるう。薄力粉、ココアは合わせてふるっておく(P28参照)
- 卵白は冷やしておく
- 型にわら半紙を敷いておく

point わら半紙を使うのは、オーブンシートよりシワになりにくく、適度に水分を含んでくれるので、保存によいため。

基本の作り方

[材料を混ぜる]

❶

ボウルに入れた卵黄にグラニュー糖50gを一度に加え、白っぽくなるまで泡立て器で立てる。

point ボウルを斜めに置いて泡立て器で円を描くように混ぜる。卵黄が自然に落ちてきてよく混ざる。

[材料を温める]

❷

別のボウルにチョコレート、バターをそれぞれ入れ、湯せんで溶かしておく。それぞれ約50℃にする。

point 乳化するのには温度が大事。

point チョコレートは焦げやすいので、必ず火からおろして湯せんすること。

❸

耐熱容器に生クリームを入れ、500Wの電子レンジで1分弱加熱し、約50℃にする。湯気が出るのが目安。

基本の作り方

[メレンゲを作る]

4

別のボウルに卵白を入れて、全体が泡状になるまで低速のハンドミキサーで泡立てる。全体が泡状になったら、グラニュー糖50gの1/3量を加え、低速で泡立てる。

point 新鮮な卵白、冷たいものを使う。

5

筋が出るようになったら、残りのグラニュー糖を2回に分けて加えて、その都度泡立てる。

持ち上げるとたらたらとやわらかいが、下の筋が消えないくらい、ゆるいメレンゲを立てる。

point メレンゲを泡立てるときは基本的には氷水に当てるが今回はしない。チョコレートが軸の生地と冷たいメレンゲを混ぜると、生地の温度が下がってチョコレートが締まり、膨らみが悪くなるため。

point 流れないかたさではあるが、もこもこにしすぎない。泡が強いと焼き上がり時に割れる原因になる（P128〜129検証②参照）

[生地を締め直す]

6

❶の卵黄生地は泡立て器をぐるぐると回してすり混ぜて、締め直す。

[材料を混ぜる]

7

溶かした❷のチョコレートを湯せんにかけたまま、❸の生クリームを3回に分けて加え、その都度泡立て器で混ぜ、しっかり乳化させる。これを繰り返す。

point 湯せんにかけたまま作業することで、チョコレートが冷えないようにする。

point 混ぜながら乳化したこと（=重さ）を感じることが大切。乳化した生地には重さがあり、引きがある手応えになる。また、チョコレートにツヤが出てくる。乳化したかどうかチェックするポイントは、ボウルを斜めに置いたときに滑り落ちるかどうか。一見乳化したように見えても、時間をおくと分離がわかる（P13参照）。ここで乳化が不十分だと、バターを加えたときに分離する。

8

溶かした❷のバターを5〜6回に分けて加え、その都度混ぜて乳化する。

point 分離した場合は次のどちらかの方法をとる。
・生クリーム（5〜10g）を追加で加えて、乳化させる。
・完全に2層に分かれるまでおき、中心から泡立て器で静かに乳化させる。

どちらの方法も、温度を上げてから❾に進む。

/ ガトー・ショコラ /

9

❻の卵黄生地を一度に加えて、ぐるぐると内側から10回程度混ぜる。
point ワイヤーとワイヤーの間を通してすくうように絡ませつつ、ボウルを回しながら混ぜる。

10

❺のメレンゲの2/3量を加え、軽く混ぜる。
point 生地とメレンゲが完全に混ざり合っておらず、マーブル状くらいが混ぜ終わりの目安。

11

粉類を再度ふるいながら加え、ゴムベラで底からすくうように手早く混ぜる。ボウルを回しつつ、「J」の字を書くように真ん中を通って底からすくったものを、ボウルの端を通ってひっくり返すイメージ。
point 粉は水分を吸いやすいので手早く混ぜる。そのときにボウルを同時に回すことで全体の混ぜ残しがない。

12

粉が見えなくなるまで混ぜたら、残りのメレンゲを加えて底からすくうように混ぜる。

[型に入れる]

13

なるべく低い位置から型に流し込み、表面をならす。色の濃い生地は泡が消えている部分。そのまま焼くとそこだけ落ち込むことがあるため、表面を軽くゴムベラでなじませる。
point 型に入れるときは、ゴムベラで底に残った生地をこそげる程度にし、生地の重みで落ちていくようにする。

[焼く]

14

160℃のオーブンで20分、天板の向きを変えて10分程度、さらに向きを変えて10分程度焼く。
point 焼きが足りないと、腰折れの原因になる。

[冷ます]

15

型のまま粗熱を取る。型から出し、好みで泡立てた生クリームなどを添える。

※焼いたあとは、翌日にはかなりしっとりしてくる。密閉容器に入れ、涼しいところで保存する。油が酸化してバターの風味が変わるので、3〜4日以内には食べきる。傷まないが、風味は確実に落ちる。

検証①

Vérification No.1

チョコレートとバターを
一緒に溶かして作ると？
⌄
油脂の感じ方、しっとり感、
軽さが違う

ガトー・ショコラの作り方で最も一般的な方法は、チョコレートとバターを一緒に溶かして生クリームと混ぜて作る方法です。この方法だと、チョコレートとバター、生クリームは混ぜても手応えがない状態で、強い乳化はしていません。ここに乳化剤の役割を果たすレシチンを含む卵黄を加えると、しっかりと乳化した状態になります。

本書では、基本の作り方（P122〜125）で、チョコレートと生クリームを乳化してから、溶かしバターを加えて乳化させ、泡立てた卵黄を加えます。

卵黄を加える前段階で乳化しているのか、していないのかの違いを、検証してみました。

作り方は、基本の作り方（P122〜125）を元に以下で統一しました。

❶ チョコレートとバターは、湯せんにかけて50℃にする。

❷ 卵白の立てはじめの温度をそろえる（10℃前後）。

❸ 卵白の立て方、粉合わせの回数、残りのメレンゲを加える回数を合わせる。

基本の作り方では、チョコレートとバターはそれぞれ湯せんにかけて溶かす→チョコレートに生クリームを加え混ぜてしっかり乳化→バターを加えて手応えを感じるくらいまで混ぜて乳化させる→卵黄生地を加えて混ぜる→メレンゲ⅔量→粉類→残りのメレンゲを加えて混ぜる、という作り方をしています。外はサクッとしていますが、とてもキメ細かく、しっとりとした生地に仕上がります。このしっとり具合は、乳化が生み出しています。

乳化していない生地は、チョコレートとバターを一緒に湯せんにかけて溶かし、生クリームを加え混ぜます。ここで混ぜても乳化はせず、基本に比べて、シャバシャバした状態です。基本と同じように、卵黄生地→メレンゲ⅔量→粉類→残りのメレンゲを加えて混ぜます。苦みを感じますが、チョコレートの風味は弱いです。乳化していないため、ややベタッとして、ポロポロくずれる印象に仕上がりました。

ガトー・ショコラにおいて、乳化させることは最も影響を及ぼすことがわかります。

基本の作り方（P122〜125）通りに、チョコレートと生クリームを強く乳化させてバターを混ぜた状態

チョコレートとバターを一緒に溶かし、生クリームを混ぜた状態

⌄

チョコレートと生クリームを強く乳化させてバターを混ぜて作ったもの

⌄

チョコレートとバターを一緒に溶かし、生クリームを混ぜて作ったもの

127

検証 ②

Vérification No.2

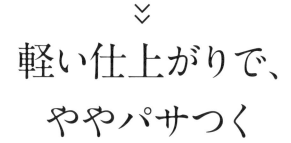

メレンゲを強く泡立てると？
∨
軽い仕上がりで、
ややパサつく

ガトー・ショコラで重要なのは、チョコレートと生クリーム、バターの乳化（P124、126〜127）と、メレンゲの立て方です。

メレンゲというと、しっかり立てるのが基本と考えている方が多いですが、一概にしっかり立てたメレンゲが正解とはいえません。

作り方は、基本の作り方（P122〜125）を元に以下で統一しました。

❶ チョコレートとバターは、湯せんにかけて50℃にする。

❷ 卵白の立てはじめの温度をそろえる（10℃前後）。

メレンゲを強く泡立てる生地は以下の通りです。

● 卵白をしっかり筋が残るまで泡立てる。

しっかり立てたメレンゲを混ぜて焼くと、基本よりもよく膨らみ、軽い食感に仕上がりますが、ややパサついている印象もあります。

メレンゲが空気をたくさん抱き込んでいるため、しっとり具合が弱まります。メレンゲの立て加減は、カカオの含有量も影響があるので、検証③（P130〜131）も参考にしてください。

また、メレンゲを泡立てるときは基本的には氷水に当てますが、ガトー・ショコラでは氷水に当てません。これはチョコレートが軸の生地と冷たいメレンゲを混ぜると、生地の温度が下がってチョコレートが締まり、膨らみが悪くなるからです。そこで、氷水に当てずに泡立てる作り方にしています。

チョコレート、バター、生クリームを乳化させた生地と、メレンゲのバランスによって、生地の仕上がりは変化します。これは、チョコレートのカカオ含有量や、生クリームの乳脂肪分が変わることで、また異なってきます。

つまり、メレンゲの立て加減は、一概には、どちらがよいとはいえません。

生地と味のバランスなど、どのようなガトー・ショコラを目指しているのかにより、メレンゲの立て方を決めましょう。

適度に立てたメレンゲ

強く立てたメレンゲ

︾　　　　　　　　　　　　　　　　　　　︾

基本の作り方（P122〜125）通りに、メレンゲを適度に立てて作ったもの

メレンゲを強く泡立てて作ったもの

検証③

Vérification No.3

チョコレートの
カカオ分の含有量を変えると？
∨
しっとり感、
生地の立ち上がりが違う

チョコレートの好みは千差万別です。
カカオの含有量を変えて作るとどのような違いがあるのか、検証しました。

基本の作り方（P122〜125）通りに55％のチョコレートと、70％のチョコレートで、チョコレートのカカオ含有量を変えて作り比べました。

作り方は、基本の作り方（P122〜125）で統一しました。

カカオ分というのは、カカオマス、ココアバター、ココアパウダーなど、カカオ由来の原料を合算したもの。チョコレートに占めるカカオ分の割合をパーセンテージで表しています。70％となるといわゆるハイカカオと呼ばれ、甘さもかなり控えめです。

70％のチョコレートで作ると、メレンゲの強さを基本の作り方に合わせているので、生地がフラットに膨らんだと推測されます。これをしっかりと割れ

るくらい膨らませるには、基本の作り方よりもメレンゲの強度が必要になります。
チョコレートの風味が強く、しっとりとした食感です。断面を見ると、目が詰まった印象で、生地感の見た目は、検証①（チョコレートとバターを一緒に溶かして作った生地・P126〜127）に似ています。

好みのチョコレートを使いたいと思うことがあるかもしれませんが、チョコレートの種類やカカオ含有量は、生地の仕上がりに影響します。乳化させて作る場合は、チョコレートのカカオ含有量が高いと、乳化のための水分（この場合は生クリーム）を多く要するほか、甘さも考慮する必要があります。生地の仕上がりは、チョコレートだけではなく、生クリームの乳脂肪分やメレンゲの立て方によっても変わります。

理想の食感や風味を求めながら、自分に合ったチョコレートを見つける上で参考にしてください。

基本の作り方(P122〜125)通りに、
55%のチョコレートで作ったもの

70%のチョコレートで作ったもの

column 3

チョコレートの話

温度管理や混ぜ方など、扱いが難しいチョコレート。
保存方法によって風味に大きな差が出ます。
より長く、おいしさを保つため、知っておいてほしいことがあります。

チョコレートは劣化が早い

あけた瞬間が、最も味や香りがよく、食感もなめらか。溶かしたものの再利用もでき、最後まで使いきれるといわれるチョコレートですが、時間が経つほどにチョコレートに含まれる香り成分が飛んでしまったり、周囲のさまざまな香りを吸着してしまったりと、劣化します。

また、溶かすために電子レンジに何度もかけることも、手応えが重くなり、味が落ちる上、口溶けが悪くなる印象です。

同様に、ココアも開封して時間が経つと退色して、風味が飛んでしまいます。

購入する際は、空気や光を遮断するアルミ製の袋に入っているものは保存状態がいいのでおすすめです。

商品の回転がいいお店で買うと、その分新鮮なものが手に入るので、その点も気をつけるとよいでしょう。

一番適した保存方法は？

開封後は味や香りが劣化してしまうので、できるだけ、使いきる量を買いましょう。保存をする場合は、必ず密閉し、温度の管理に気をつけてください。

周囲のにおいを吸ってしまうのを防ぐため、必ず密閉できる保存袋に入れてください。光を遮る袋に入れて、シーラーがあれば真空にするのがベストです。真空にする際、空気を抜きすぎるとチョコレート同士がひとかたまりになってしまうため、ある程度空気が抜けつつ、上からさわってチョコレートの形がわかる程度にしましょう。シーラーがない場合は密閉袋に入れ、なるべく空気を抜きます。

チョコレートは温度変化によって劣化してしまうため、室温が30℃を超えるようなときは冷蔵庫に入れるのがおすすめ。チョコレートの表面が変質し、白く固まった状態になってしまう「ブルーム」も防げます。冷蔵庫から出すときは、外気の水分が表面に結露することがあるため、必ず室温に戻してから表面を拭き取り、袋から出しましょう。

Lesson 08

ファー・ブルトン

Far breton

ファー・ブルトン

Far breton

「ファー」はお粥、「ブルトン」はブルターニュ風という意味。
表面はカリッと香ばしい焼き色がついて、
生地はモチモチとして弾力があり、カヌレの生地が一番近い食感です。
ややかためのプリンも連想されます。
バニラビーンズとラム酒の香りがきいた、大人っぽい味わい。
食感の秘密は準強力粉を入れたらしっかり練ること。
グルテンができてコシのある生地になります。

材料
直径17.5cm×高さ4.5cmのトルテ型 1台分

全卵	90g
微粒子グラニュー糖	50g
準強力粉（フランス）	50g
バニラビーンズ	½本
牛乳	215g
生クリーム（乳脂肪分36％）	25g
ラム酒	10g
発酵バター	15g
プルーンとレーズンのラム酒漬け（下記参照）	プルーン8個、レーズン18粒

point 小麦粉は生地をもちもちとさせたいので、準強力粉がおすすめ。

◆ プルーンとレーズンのラム酒漬け
（作りやすい量）

セミドライプルーン	500g
レーズン	100g
ラム酒	400g

セミドライプルーンとレーズンをかぶるくらいのラム酒に漬け、プルーンが少しやわらかくなるまで（できれば一晩）おく。

下準備

- バニラビーンズは裂いて種をしごき、さやごと、牛乳、生クリームと合わせて香りを移しておく

- バターはちぎっておく

- 型にバター（分量外）を塗り、トッピングシュガー（分量外）をまんべんなくまぶして（底面に多めに振る）、冷やしておく

  point 粒子の粗いトッピングシュガーをまぶすことでカリッとした食感が楽しめる。

- プルーンとレーズンのラム酒漬けはざるに上げて汁気をきる

基本の作り方

［材料を混ぜる］

❶

ボウルに入れた全卵を溶きほぐし、グラニュー糖を一度に加えて泡立て器で混ぜる。

❷

準強力粉をふるいながら入れ、中心からぐるぐると混ぜるようにしっかりと練る。　60回ほど混ぜたところ。

重くなってきたら、泡立て器を握るように持ち、立ててぐるぐると混ぜる。　120回ほど混ぜたところ。生地にしっかりとツヤが出る。

❸

バニラビーンズのさやを除いて牛乳と生クリームを加え、混ぜる。ラム酒を加えて混ぜる。

［型に入れる］

❹

型に流し入れる。

プルーンとレーズンのラム酒漬け（プルーン8個、レーズン18粒）を入れ、バターを上に散らす。

/ ファー・ブルトン /

[焼く]

❺

180℃のオーブンで20分、天板の向きを変えて10分程度、さらに向きを変えて5分程度焼く。型のままケーキクーラーにのせ、5分程度おく。

[型から取り出す]

❻

熱いうちに型からはずす。シフォンケーキ用のナイフを、側面の型と生地の間にぐるりと一周差し込み、底も差し込んで生地を剥がす。

point 冷めると、溶けたトッピングシュガーが型にくっつきはずせなくなるので、ある程度熱い状態で作業する。まだ熱いので、必ず軍手をすること。

シフォンケーキ用のナイフはL字型で、薄く、先が細いのでファー・ブルトンを取り出すときに便利です。

上面に使い捨てのオーブンシートを当ててひっくり返し、型から取り出す。オーブンシートをかぶせ、ひっくり返す。シートごとケーキクーラーにのせて粗熱を取る。

※密閉容器に入れて、涼しいところで保存する。トッピングシュガーが溶けるので、当日中に食べきる。

ファー・ブルトンは、小さい型で焼くこともできます！

小さく焼くと、ややもっちり感は弱まりますが、型から出しやすく取り扱いは楽です。

材料

シリコン型（フレキシパン）
オーバル形
80mm×60mm×高さ30mm
6個分

材料、下準備ともに
P135に同じ

作り方

❶～❸は、P136に同じ。でき上がった生地を6等分（68～70g）して型に流し入れる。1個につき、プルーンとレーズンのラム酒漬け（プルーン2個ずつ、レーズン3粒ずつ）を入れ、バターを上に散らす。
180℃のオーブンで20分、天板の向きを変えて10分程度焼く。型のままケーキクーラーにのせ、5分程度おき、型から取り出す。

検証 ①

Vérification No.1

混ぜる回数を半分にして、すぐ焼くと？

よく膨らむが、ふにゃっとした食感に

グルテンが生地感のポイントとなるファー・ブルトンで、準強力粉を加えたあとの混ぜる回数を変えてみると、仕上がりはどうなるのでしょうか。

作り方は、基本の作り方（P134〜137）を元に以下で統一しました。
● 検証につき、バニラビーンズ、発酵バター、プルーンとレーズンのラム酒漬けを加えずに作る。

基本の作り方では、準強力粉を加えたあと120回ほど混ぜ、すぐに焼きます。生地は全体に膨らんだ焼き上がり。ラム酒の香りが芳醇で、生地に一体感があります。

粉合わせの回数を60回ほどに減らすと、120回混ぜた基本の生地よりも、想定していた以上によく膨らみます。ただ、凹むのが早く、形を保持できません。切り分けるときに比較的サクッと切れます。ラム酒の香りは弱く、基本のようなもちもちとした食感ではなく、へにゃっ、ふにゃっとした食感です。

混ぜる回数が少ないと、グルテンがあまり形成されず、また強度が弱く、コシがないために、ふわっと膨らんでもそれを維持する力がありません。また、食感も弱々しいです。

混ぜる回数を加減して、好みの食感に近づけてください。

基本の作り方（P134〜137）通りに、
120回混ぜて焼いたもの

60回混ぜて焼いたもの

※断面の写真は、焼き上がってから5分後に型から取り出して撮りました。

検証 ②

Vérification No.2

生地を一晩休ませてから焼くと？

もちもち感が増す

ファー・ブルトンの生地を一晩休ませてから焼く作り方もあります。どのような違いがあるのでしょうか。

基本の作り方（P134〜137）通りに、準強力粉を加えたあと120回ほど混ぜてすぐに焼く場合と、その生地を一晩休ませてから焼く場合を比較しました。

作り方は、基本の作り方（P134〜137）を元に以下で統一しました。

● **検証につき、バニラビーンズ、発酵バター、プルーンとレーズンのラム酒漬けを加えずに作る。**

一晩休ませると、底の方の生地はドロッとしており、手応えがあります。
この生地を焼くと、膨らみは弱いのですが、フチの輪郭がはっきりとした焼き上がり。また、表面はツヤツヤと光っています。
切り分けるときに、もちっとした手応えを感じます。食感は、基本の生地よりももちもち感が強いのですが、生地の上下で食感にムラがあります。ラム酒の香りは弱いです。

P14でグルテンについて説明している通り、小麦粉と水を混ぜて休ませるだけで、グルテンは形成されます。
つまり一晩休ませると、グルテンの形成が進み、強度が増すので、フチの輪郭がはっきりしたと考えられます。焼き上がりの表面がツヤツヤとしているのは、材料全体がよくなじんだからと推測されます。

食感の好みによって、生地を休ませるかどうか検討してみましょう。

基本の作り方（P134〜137）通りに、
すぐに焼いたもの

一晩休ませてから焼いたもの

※断面の写真は、焼き上がってから5分後に型から取り出して撮りました。

検証 ③

Vérification No.3

混ぜる回数を半分にして、休ませて焼くと？

もちもち感が増す

グルテンの形成を進める要因として、検証①、検証②からも、粉合わせ、つまり混ぜる回数の多さ（P138〜139）、生地を休ませること（P140〜141）であると考えられます。

では、粉合わせの回数を変えたものを2種用意し、どちらも休ませた上で焼くとどのような違いが出るのでしょうか。
準強力粉を加えたあと120回ほど混ぜて一晩休ませた場合と、準強力粉を加えたあと60回ほど混ぜて一晩休ませた場合を比較しました。

作り方は、基本の作り方（P134〜137）を元に以下で統一しました。

● 検証につき、バニラビーンズ、発酵バター、プルーンとレーズンのラム酒漬けを加えずに作る。

どちらも次のような特徴がありました。
・底の方の生地はドロッとしており、手応えがある。
・焼くと、フチの輪郭がはっきりとしている。
・焼くと、表面はツヤツヤと光っている。
・もちもちとした食感になる。

混ぜる回数にかかわらず、生地を休ませると、それぞれのもちもち感が増すことがわかりました。

粉合わせの回数、生地を休ませるかどうかなど、どのような食感のファー・ブルトンに仕上げたいのかを考えて、決めましょう。

120回混ぜて一晩休ませて焼いたもの

60回混ぜて一晩休ませて焼いたもの

※断面の写真は、焼き上がってから5分後に型から取り出して撮りました。

Lesson 09

ケーク・サレ

Cake salé

ケーク・サレ

Cake salé

サレ（塩）味のケーキは、粒マスタードの酸味がほんのりきいて、
軽食やワインにぴったり。
チーズをたっぷり入れつつ、重すぎずに食べやすくしています。
そのコツは、グルテンを出さないように菜箸でざっくりと混ぜること。
混ぜすぎると、この軽い食感になりません。
お好きな具材を組み合わせて、手軽に楽しんでみてください。

材料

20cm×8cm×高さ7cmのパウンド型 1台分

◆ アパレイユ

全卵	120g
牛乳	100g
塩	ひとつまみ
粒マスタード	25g
太白ごま油	50g
パルミジャーノ・レッジャーノ	50g
コンテチーズ	30g
黒こしょう	適量
薄力粉（特宝笠）	100g
ベーキングパウダー	5g

point 太白ごま油は、オリーブ油よりも香りがないので、具の邪魔をしない。

point チーズを2種使うことで奥行きが出る。クセのあるコンテチーズを合わせるのがポイント。

point 小麦粉は生地を軽く仕上げたいので、特宝笠がおすすめ。

◆ 具材

ランチョンミート	90〜100g
玉ねぎ	1/4個 (50g)
マッシュルーム	1パック (100g)
ズッキーニ	1/4本 (90g)
太白ごま油	適量

下準備

- コンテチーズ、パルミジャーノ・レッジャーノはすりおろして、冷蔵庫に入れておく
- 薄力粉、ベーキングパウダーは合わせてふるっておく（P28参照）
- 型に使い捨てのオーブンシートを敷いておく

> 基本の作り方

［具材を用意する］

❶

玉ねぎ、マッシュルームはスライス、ズッキーニは10mm角に切り、太白ごま油で炒め、粗熱を取る。ランチョンミートは15〜20mm角に切る。

［材料を混ぜる］

❷

ボウルに入れた全卵を泡立て器で溶きほぐす。

❸

❷を混ぜながら牛乳、塩を順に加えて、泡立て器で混ぜる。

❹

粒マスタードを加えて混ぜる。　ごま油を加えて混ぜる。

❺

すりおろしたチーズを加えて混ぜる。

❻

❶の野菜とランチョンミートを加え、黒こしょうを振り、菜箸でざっくり混ぜる。

/ ケーク・サレ /

7

粉類を再度ふるいながら加えて、菜箸でざっくり混ぜる。

point 具を絡めるように、下から具を持ち上げて混ぜる。

point 天ぷらの衣の要領で、菜箸を使い、しっかり混ぜないことと、冷たいまま混ぜるのがポイント。しっかり混ぜるとグルテン(P14参照)が形成され、生地の食感が大きく変わる(P148～149の検証❶参照)。

point 粉が少しくらいなら、見えていてもよい。混ぜすぎないことが大切。

[型に入れる]

8

型に❼の生地をゴムベラで入れる。表面を軽くならし、四隅に生地を行き渡らせる。

point 型に入れる際に粉が見えなくなるように調整する。

[焼く]

9

160℃のオーブンで30分、天板の向きを変えて15分程度焼く。

※完全に冷めてからラップで包んで密閉して、冷蔵庫で保存する。1～2日以内に食べきる。

おすすめの具材バリエーション

ケーク・サレの具材は他の食材に代えてもOK！ ランチョンミートをソーセージやハム、コンビーフなどに、野菜をパプリカ、ドライトマト、枝豆、グリーンアスパラガスなどに代えてもおいしいです。

検証 ①

Vérification No.1

泡立て器でよく混ぜて焼くと？

腰折れする。
チーズの感じ方が違う

あえてざっくり混ぜて作るケーク・サレですが、薄力粉を加えたあとの混ぜる回数を変えてみると、仕上がりはどうなるのでしょうか。

作り方は、基本の作り方（P144〜147）を元に以下で統一しました。

❶ 検証につき、具（ランチョンミート、玉ねぎ、マッシュルーム、ズッキーニ）を加えずに作る。
❷ 焼成時間は具がないので、次の通りに変更した。160℃のオーブンで30分、天板の向きを変えて10分焼く。

基本の作り方では、薄力粉を加えたあと、菜箸でざっくりと40回ほど混ぜ、すぐに焼きます（生地が冷たい状態）。生地はしっとりとしていて、口なじみのよい焼き上がりです。

薄力粉を加えたあと、泡立て器で80回ほどよく混ぜてすぐに焼きます（生地が冷たい状態）。基本の生地よりもよく膨らみますが、腰折れします。チーズの風味が強く、生地は軽くややパサつきが感じられる仕上がりになりました。切り分けるときに、弾力を感じます。

よく混ぜるとグルテンが形成され、生地がよく膨らむことがわかります。腰折れを防ぎたい場合は、チーズの配合量を少し減らし、その分薄力粉を増やす方法もあります。他に、グルテン量がやや多い薄力粉（バイオレットやドルチェ）を選ぶのも一つの方法です。ただ、他の薄力粉や準強力粉だと、生地感がややしっかりしすぎるように感じられるので、このレシピでは特宝笠をおすすめします。

ケーク・サレの理想とする、適度なしっとり感のある生地は、粉合わせであまり混ぜないことで、生み出されています。天ぷらの要領で、ぜひ菜箸でざっくり混ぜる方法を試してみてください。

基本の作り方（P144〜147）通りに、菜箸で40回混ぜて焼いたもの

泡立て器で80回混ぜて焼いたもの

検証②

Vérification No.2

温めた牛乳を加えることで、生地の温度を常温にすると？

もちっとした、密度の詰まった生地に

基本の作り方(P144〜147)で作る生地は、冷たく、それをすぐに焼くので、焼きはじめの生地の温度は冷たい状態です。

では、温めた牛乳を加えて常温に仕上げた生地を焼くとどのような違いがあるのでしょうか。

作り方は、基本の作り方(P144〜147)を元に以下で統一しました。

❶ 検証につき、具(ランチョンミート、玉ねぎ、マッシュルーム、ズッキーニ)を加えずに作る。

❷ 生地が常温に仕上がるように、牛乳を500Wの電子レンジで20秒程度加熱し、26℃に温めた。生地の温度は23〜23.5℃(常温生地)。なお、基本(冷たい生地)は12〜13℃。

❸ 焼成時間は具がないので、次の通りに変更した。160℃のオーブンで30分、天板の向きを変えて10分焼く。

温めた牛乳を加えて常温に仕上げた生地を焼くと、基本の作り方通りに作った冷たい生地より、少しもちっとした食感に焼き上がります。端にはパサつきが感じられました。しっとりしつつ、ボロッとした食感も併せ持っています。翌日以降には、しっとり感が増します。

食べてみるとチーズの風味を強く感じました。

生地の食感の好みによって焼くときの生地の温度を決めるとよいでしょう。

基本の作り方（P144〜147）通りに、
冷たいまま焼いたもの

常温にして焼いたもの

検証 ③

Vérification No.3

生地を2日休ませてから焼くと？

もちっとしており、かみ応えがある。パンの食感に近づく

ケーク・サレの生地は、休ませてから焼くと、どのような違いが出るのでしょうか。
基本の作り方（P144～147）通りにすぐに焼く場合と、その生地を2日冷蔵庫で休ませてからすぐに焼く場合を比較しました。

作り方は、基本の作り方（P144～147）を元に以下で統一しました。

❶ 検証につき、具（ランチョンミート、玉ねぎ、マッシュルーム、ズッキーニ）を加えずに作る。
❷ 生地の温度は12～13℃。
❸ 焼成時間は具がないので、次の通りに変更した。160℃のオーブンで30分、天板の向きを変えて10分焼く。

2日休ませると、底の方の生地はドロッとしており、手応えがあります。
焼き上がりの食感は、もちっとしており、みっちりした生地感で一体感があり、かみ応えもあります。パンの食感に近づきました。また、チーズがかたまっているような、チーズの風味をより強く感じられます。
生地の断面を見ると、基本に比べ、食材がよくなじんでいるのがわかります。
切り分けるときに、均等に切れます。

P14でグルテンについて説明している通り、小麦粉と水を混ぜて休ませるだけで、グルテンは形成されます。つまり二晩休ませると、グルテンの形成が進み、強度が増すので、かみ応えが増したと考えられます。

生地を休ませるかどうか、休ませる時間をどのくらいにするかなど、食感の好みによって検討するとよいでしょう。

基本の作り方（P144〜147）通りに、すぐに焼いたもの　　　２日休ませてから焼いたもの

検証結果 一覧

本書の検証ページでは、
行った検証のすべてを掲載することができませんでした。
素生地の検証を一覧にまとめましたので、
ご自身でレシピを考える際にぜひ参考にしてください。
クリームや副材料の入っていない素生地のみ掲載しています。
掲載ページの欄に「ー」と記載されているものは、本文での掲載はなく、
この一覧表で結果を紹介しています。
アレンジレシピについては各レシピを参照してください。

掲載ページ	素生地特徴	材料の配合や作り方	特徴（焼き上がり、食感など）
ラング・ド・シャ			
P16	基本	●あまり混ぜない（強い乳化を目指さない）で作る ●ゆるめたバターで作る ●薄力粉はバイオレットを使用	サクサク感とホロホロ感のバランスよい。バターの香り豊か。見た目もきれい。表面に光沢はない。
P20	乳化強い	手応えが出るまでしっかり混ぜて（強く乳化させて）作る	サクサク感弱い。少し歯応えあり。表面に光沢なし。
ー	溶かしバター・バター最後	バターを溶かしバターに代え、アーモンドパウダー＋粉糖→卵白→薄力粉→溶かしバターの順で材料を混ぜて作る	カリカリ食感。バターの香り強い。形が広がる傾向あり（溶かしバター共通）。表面に光沢あり。
P22	溶かしバター・バター最後・冷やし	**B**：バターを溶かしバターに代え、アーモンドパウダー＋粉糖→卵白→薄力粉→溶かしバターの順で材料を混ぜ、生地を冷やして作る	最もしっかりとした食感。砂糖の甘み強い。バターの香りあり。形が広がる傾向あり（溶かしバター共通）。表面に光沢あり。
P22	溶かしバター・粉最後	**C**：バターを溶かしバターに代え、アーモンドパウダー＋粉糖→卵白→溶かしバター→薄力粉の順で材料を混ぜて作る	バターの香り弱い。形が広がる傾向あり（溶かしバター共通）。表面に光沢あり。
P22	溶かしバター・粉最後・冷やし	**D**：バターを溶かしバターに代え、アーモンドパウダー＋粉糖→卵白→溶かしバター→薄力粉の順で材料を混ぜ、生地を冷やして作る	バターの香り弱い。粉特有のにおいが気になる。表面に凹凸ややあり。形が広がる傾向あり（溶かしバター共通）。表面に光沢あり。
P24	ドルチェ	薄力粉をドルチェに代えて作る	カリッとして、ややしっかりとした食感。粉の風味強い。
P24	特宝笠	薄力粉を特宝笠に代えて作る	あと味の甘み強い。生地感は基本に近い。
ー	完全分離	基本の作り方で卵白を一度にたくさん加える ※バターがあまりゆるんでいない、卵白が冷たかった場合も同様に分離する。	サクサク感あり、食感は基本に近いが、バターの風味がしつこい。生地が凸凹している。表面に光沢なし。

ロールケーキ

P70	共立て 100 回	●（粉合わせ）100 回混ぜて作る ●共立ての手法（全卵に材料を加えて混ぜる）で作る	しっとりした食感。生地が両面ともキメ細か。
P76	共立て 60 回	60 回混ぜて作る	ボソボソしていてかたさあり。粉も感じられる。翌日以降に少ししっとりする。
P76	共立て 30 回	30 回混ぜて作る	ベタベタ感ややあり。両面ともボソボソしている。翌日以降に粉っぽさを強く感じる。
P78	別立て	別立ての手法（卵黄と卵白に分けて混ぜる）で作る	しっとりとした食感がありつつも、ふかふかと軽さがある。
P78	別立て絞り	別立て絞りの手法（別立て生地を絞り出す）で作る	ふわっと軽く、弾力あり。
ー	別立て絞り・ハーフ	別立て絞り生地の表面の半分にのみ、粉糖を振る	粉糖がない方は弾力がなく、かたい。

バターケーキ

P90	基本	●全卵を 8〜9 回に分けて加える ●しっかり混ぜて（強い乳化を目指して）作る ●共立ての手法（バターに全卵を加える）で作る	バターの香りよい。しっとりとした食感。卵の風味あり。
P94	乳化弱い	あまり混ぜない（強い乳化を目指さない）で作る	油っぽく、重さのある仕上がり。
P98	別立て	別立ての手法（卵黄と卵白に分けて混ぜる）で作る	しっとり感よりも、軽さやエアリー感を強く感じる。パサつきあり。
ー	完全分離	基本の作り方で、全卵を 4〜5 回に分けて加える。またはバターがあまりゆるんでいない、全卵が冷たかった場合も同様	モソモソする。ややかたさあり。
ー	完全分離＋熱	分離した生地に熱を加えることで、乳化状態に近づけた（もろもろした状態からなめらかな状態にしたもの）	パサつきが強い。甘みが感じられない。

掲載ページ	素生地特徴	材料の配合や作り方	特徴（焼き上がり、食感など）

クッキー

掲載ページ	素生地特徴	材料の配合や作り方	特徴（焼き上がり、食感など）
P30	基本	●全卵 20g で作る ●グラニュー糖 80g で作る ●ベーキングパウダーや重曹は入れない ●泡立てずに混ぜる	サクッとした食感。粉のおいしさも十分に感じられる。バター、卵、粉のバランスよい。
P34	全卵→卵白	全卵 20g を卵白 20g に代えて作る	ややしっかりした食感で口に残る。エッジがやや強い。生地色が若干白っぽい。粉の味が立つ。
ー	全卵→卵白2倍	全卵 20g を卵白 2 倍量（40g）に代えて作る	ザクザクした食感。甘みをあまり感じない。卵白 20g よりも粉の味があとに残る。
ー	全卵→卵白4倍	全卵 20g を卵白 4 倍量（80g）に代えて作る	かたい。もそもそとしている。粉っぽい。ビスケットのような食感。
P34	全卵→卵黄20g	全卵 20g を卵黄 20g に代えて作る	ホロッとした少しやわらかい食感。卵の風味濃い。表面が凸凹とし、生地色が濃いめ。
P36	卵 2 倍	全卵 2 倍量（40g）で作る	卵の風味強い。サクッとした食感がありつつ、しっとり感もあり。生地が多少広がる。作っているときに生地がベタつく。
P36	卵 4 倍	全卵 4 倍量（80g）で作る	しっとりしつつ、ホロッとした食感。甘さ弱い。表面に凸凹ができ、生地が多少広がる。作っているときに生地が非常にベタつく。
P36	卵なし	卵を入れないで作る	ガリッとかたい。甘さあり、素朴な風味。作っているときにまとまりにくく、焼き上がりの表面も凸凹で、断面は層になる。
P38	砂糖半量	グラニュー糖半量（40g）で作る	サクサクとした食感、軽く、もろい。翌日食べると、粉と卵を感じる。生地を抜いたままの形、大きさに焼き上がる。
P38	砂糖 2 倍	グラニュー糖 2 倍量（160g）で作る	口に入れた瞬間にしっかりしたかたさを感じる。ザクザクとした食感。表面が凸凹。
ー	砂糖・全卵ともに2倍	グラニュー糖・全卵ともに 2 倍量で作る	生地が広がりやすい。最もかたい。卵の風味薄い。
P40	BP 入り	ベーキングパウダーを入れて作る	サクサク食感。特有のにおいあり。ほのかに酸味あり。エッジがややゆるみ、表面がやや膨らむ。
P40	重曹入り	重曹を入れて作る	サクサク食感。特有のにおいあり。クッキー本来の粉やバターの風味薄い。エッジがややゆるみ、表面がやや膨らむ。
P42	バター泡立て	バターを泡立てて作る	口当たり軽い、粉の風味強い。バターの風味弱い。

P52	全卵→牛乳	全卵 20g を牛乳 20g に代えて作る	ミルキーな風味、甘さ強い。かんだときに歯応えがあるかたさ。断面に気泡あり。
―	全卵→卵白2倍	全卵 20g を牛乳 40g に代えて作る	ミルキーな風味。牛乳 20g よりしっかりしたかたさ。甘みを感じる。
―	全卵→卵白4倍	全卵 20g を牛乳 80g に代えて作る	ミルキーな風味。基本と同じ厚みだと、ねちっとしている。水分が残ったような食感。
―	卵最後	バター→グラニュー糖→粉→卵の順に加えて作る	ボロボロとした食感。卵感が強い。
―	材料冷やし	材料を全て冷やし、スタンドミキサーでバター→グラニュー糖→粉→卵の順に加えて作る	基本よりもザクっとした食感で、歯応えあり。

アーモンドのタルト

P54	基本	●サブレ生地は材料をスタンドミキサーまたはフードプロセッサーで混ぜる ●クレーム・ダマンドは全卵を小さじ1（6〜7g）ずつ加える ●クレーム・ダマンドをしっかり混ぜて（強い乳化を目指して）作る ●クレーム・ダマンドをゴムベラで混ぜる ●クレーム・ダマンドを手早く絞る	生地はアーモンドとバターの香り、小麦粉の軽さが感じられる。クレーム・ダマンドは、バターとアーモンドの風味のバランスがよい。生地とクレームの一体感があり、あと味がよい。
P60	乳化弱い	クレーム・ダマンドを、あまり混ぜない（強い乳化を目指さない）で作る	甘みやや少ない。バター感強く、重い。黄身色が強く、ザラッとしている。翌日以降に、バター染みが出る。
P62	バター泡立て	クレーム・ダマンドのバターを泡立てて作る	バターの風味弱い。表面がよく膨らむが、粗さと目詰まり感がある。
―	ハンドミキサー1	クレーム・ダマンドのバターを、ハンドミキサーで白っぽくなるまで泡立てる（バターに全卵を加えていく際に、基本と同じ分量を加えて1回あたりを長く泡立てる）	油脂感あり。やわらかい。甘み少ない。
―	ハンドミキサー2	クレーム・ダマンドのバターを、ハンドミキサーでやや白っぽくなるまで泡立てる（バターに全卵を加えていく際に、基本と同じ分量を加えてなじんだらすぐに次を加える）	分離している感じあり。甘み少なく、あと味はバター。
P64	混ぜ順変え	クレーム・ダマンドを、同じ配合のまま材料を加える順番を変えて作る	卵の風味強い。甘みやや弱い。やわらかい食感で、生地とのバランスがよくない。基本よりゆるく、なめらか。
―	完全分離	●基本の作り方で、全卵を小さじ2（12〜14g）ずつ加える ※バターがあまりゆるんでいない、全卵が冷たかった場合も同様に分離する	膨らみやや弱い。油のジュワッとした風味あり。

157

掲載ページ	素生地特徴	材料の配合や作り方	特徴（焼き上がり、食感など）

ガトー・ショコラ

掲載ページ	素生地特徴	材料の配合や作り方	特徴（焼き上がり、食感など）
P122	基本	●チョコレートと生クリームを乳化させて、溶かしバターを加えて混ぜて作る ●メレンゲは立てすぎない ●チョコレートは50℃に温める ●チョコレートはカカオ分55%のものを使う	チョコレートの風味濃厚。甘さ控えめ。外はサクッとした食感。中はなめらか、キメ細かい、しっとり食感。
P126	乳化弱い	チョコレートとバターを一緒に溶かし、生クリームを混ぜて作る	苦みあるが、チョコレートの風味弱い。ややベタッとして、ポロポロくずれる。
P128	メレンゲ強い	メレンゲを強く立てて作る	よく膨らみ、軽い食感。ややパサつきあり。しっとり感弱い。
P130	チョコ70%	カカオ分70%のチョコレートで作る	チョコレートの風味強い。しっとり食感。フラットに立ち上がり。まっすぐをキープする。中は目が詰まっている。
─	分離	分離した生地（基本の作り方で、チョコレートと生クリームを乳化する際に、手応えを感じないままどんどん加えて混ぜる）に、溶かしたバターを一度に加えて混ぜて作る	チョコレートの風味弱い。ベタッとしている。ポロポロくずれる。
─	分離＋メレンゲ強い	分離した生地に（基本の作り方で、チョコレートと生クリームを乳化する際に、手応えを感じないままどんどん加えて混ぜる）、強く立てたメレンゲを混ぜて作る	軽い食感。ポロポロくずれる。

ファー・ブルトン

掲載ページ	素生地特徴	材料の配合や作り方	特徴（焼き上がり、食感など）
P134	基本	●準強力粉を入れたらよく混ぜる（120回） ●混ぜ終わったらすぐ焼く	ラムの香りが芳醇。一体感がある。表面に光沢なし。
P138	60回すぐ焼き	準強力粉を入れたらざっくりと混ぜて（60回）すぐ焼く	ラムの香り弱い。へにゃっとした食感。よく膨らむが早く凹む。表面に光沢なし。
P140	120回一晩	準強力粉を入れたらよく混ぜて（120回）一晩休ませて焼く	ラム酒の香り弱い。食感はもちもちだが、ムラがある。膨らみ弱い。フチがはっきり。表面に光沢あり。
P142	60回一晩	ざっくりと混ぜて（60回）一晩休ませて焼く	もちもち食感。フチがはっきり。表面に光沢あり。
─	50回二晩	50回混ぜる／二晩休ませて焼く	卵感が強い。表面に光沢あり。
─	150回二晩	150回混ぜる／二晩休ませて焼く	真ん中がプリンのような食感。重厚。表面に光沢あり。

マドレーヌ

P106	基本	● 生地を一晩休ませて焼く ● 生地を冷やしてから焼く ● バターを最後に加えて作る ● 溶かしバターで作る ● ガスオーブン（160℃）で焼く	しっとり食感強い。レモンの風味よし。バターの香り高い。
P110	すぐ焼く	生地を休ませないですぐ焼く	食感軽い。モソモソする。
P110	2日休ませる	生地を2日休ませて焼く	キメ細かい。しっとり食感強い。レモンの風味やや薄い。
P112	常温	常温の生地を焼く	サクッとした食感。フチがややかたい。膨らみ控えめ。
P114	粉最後	粉類を最後に加えて作る	レモンの風味かなり強い。生地感は基本に近い。
P116	ゆるめたバター	ゆるめたバターで作る	食感軽い。基本よりしっとり感弱め。
P118	電気オーブン180℃	基本の生地を電気オーブン（180℃）で焼く	粉っぽさ強い。バターの風味弱い。焼き色浅い。焼きムラあり。コブがなだらか。
－	電気オーブン190℃	基本の生地を電気オーブン（190℃）で焼く	しっとり感あり。外がカリッとしている。コブ控えめ。
－	卵を泡立てる	基本の生地を卵が白っぽくなるまで泡立てて焼く	レモンの風味が強く、卵の風味が残る。コブが控えめ。
P120	シリコン型	基本の生地をシリコン製型で焼く	左右に流れる。粉っぽさあり。ややパサつきあり。レモンが強い。
P120	薄い金属型	基本の生地を薄い金属の型で焼く	基本に近い。焼き色もしっかりつく。コブが強い。

ケーク・サレ

P144	基本	● 粉類を入れたらざっくりと混ぜて作る ● 混ぜ終わったらすぐ焼く（生地が冷たい状態）	口なじみがよい。軽い食感だが、しっとり感あり。チーズと粉のバランスがよい。
P148	よく混ぜ・冷たい	粉類を入れたらしっかりと混ぜて作る／混ぜ終わったらすぐ焼く（生地が冷たい状態）	チーズの風味強い。よく膨らむが、腰折れする。生地は軽く、ややパサつく。
P150	ざっくり混ぜ・常温	粉類を入れたらざっくりと混ぜて作る／温めた牛乳を混ぜて生地を常温にする	チーズの風味強い。腰折れする。しっとりしつつ、ボロッとした食感も。もちっとしているが、端はパサつきあり。
－	よく混ぜ・常温	粉類を入れたらしっかりと混ぜて作る／温めた牛乳を混ぜて生地を常温にする	もちっとしている。密度が詰まっている。
P152	ざっくり混ぜ・2日休ませ	ざっくり混ぜた生地を2日休ませて焼く（生地が冷たい状態）	もちっとしている。パンのような食感。チーズの風味強い。

著者　たけだかおる　*Kaoru Takeda*

洋菓子研究家、製菓衛生師。幼少の頃からお菓子作りを始め、国内外のさまざまな教室やパティスリーで製菓を学ぶ。現在は料理家や食のプロも通う洋菓子教室を主宰。こだわりレシピと独自メソッドを教えるだけでなく、「失敗の原因」や「なぜこの材料を使うのか」などの理論を交えた明確なレッスンが好評で、各メディア、イベントでも活躍中。著書に『たけだかおる洋菓子研究室のマニアックレッスン』（河出書房新社刊）がある。

【材料協力】

株式会社富澤商店（TOMIZ）
オンラインショップ
https://tomiz.com/
問い合わせ　042-776-6488

中沢乳業株式会社
ホームページ
https://www.nakazawa.co.jp/
問い合わせ　0120-39-8511

株式会社ラ・フルティエール・ジャポン
ホームページ
https://www.lfj.co.jp
問い合わせ　0422-29-7865

STAFF

撮影／福原 毅
　　以下のページを除く
　　P137 ファーブルトン（囲み内）／たけだかおる
アートディレクション／大薮胤美（株式会社フレーズ）
デザイン／宮代佑子（株式会社フレーズ）
編集／平山祐子
企画／佐藤麻美
協力／河田昌子（農学博士、食品工学専攻）
調理アシスタント／近藤久美子、水嶋千恵、佐々木ちひろ、
　　鎌田悦子、清水美紀、田中和嘉子
校正／畠山美音

＊本書の内容に関するお問い合わせは、お手紙かメール(jitsuyou@kawade.co.jp)にて承ります。恐縮ですが、お電話でのお問い合わせはご遠慮くださいますようお願いいたします。

たけだかおる洋菓子研究室の
マニアックレッスン
乳化と混ぜ方編

2019 年 10 月 30 日　初版発行
2021 年 1 月 30 日　3 刷発行

著者　　　たけだかおる
発行者　　小野寺優
発行所　　株式会社河出書房新社
〒151-0051
東京都渋谷区千駄ヶ谷 2-32-2
電話 03-3404-1201（営業）
　　 03-3404-8611（編集）
http://www.kawade.co.jp/
印刷・製本　凸版印刷株式会社

Printed in Japan
ISBN978-4-309-28764-5

落丁本・乱丁本はお取り替えいたします。
本書のコピー、スキャン、デジタル化等の無断複製は著作権法上での例外を除き禁じられています。本書を代行業者等の第三者に依頼してスキャンやデジタル化することは、いかなる場合も著作権法違反となります。